자애로우신 주님,

저희 자녀 _____ 을/를
축복하시어 주님 사랑 안에서
소중한 꿈을 펼치게 하소서.
또한 오늘 당신께 드리는 저희 기도가
자녀의 앞날에 큰 힘과 위로가 되게 하소서.

《수능 100일 기도 노트》 시작하기

❖ 수능 100일 기도 노트는 어떤 노트인가요?

수능을 앞두고 중요한 시기를 보내는 수험생을 위한 기도 노트입니다. 이 노트는 수능 시험이 다가오는 100일 동안 하느님께 은총을 청하며 매일 묵상하고 기도할 수 있도록 구성되어 있습니다. 또한 수험생을 응원하는 짧은 편지를 작성할 수 있어 바쁜 삶 속에서도 수험생을 마음속에서 잊지 않고 100일을 보내도록 해 주지요. 이 노트를 100일간 정성껏 작성하여 수험생에게 직접 선물해 보세요. 부모님의 사랑을 자녀에게 전해 줄 수 있을 것입니다. 부모님이 각각 따로 작성해 보시는 것도 좋습니다. 이 노트는 자녀들의 마음을 든든하게 지켜 주는 버팀목 역할을 해 줄 것입니다.

❖ 수능 100일 기도 노트는 왜 써야 할까요?

수능을 100일 앞둔 시점부터 시험 당일까지는 수험생에게 가장 힘든 시기입니다. 부족한 부분을 최종적으로 보완해야 하며, 끝까지 집중력을 잃지 않아야 하고, 긴장되는 마음을 다잡아야 합니다. 그러므로 이때는 가족과 주변 사람들의 기도가 절실합니다. 이 노트로 기도하고 실천한다면, 수험생이 주님과 함께하며 이 어려운 시기를 이겨 내는 데 큰 도움을 받을 것입니다.

♦ 수능 100일 기도 노트, 이렇게 써 보세요!

1. 시작 기도

《수능 100일 기도 노트》를 쓰기 전에, 십자 성호를 긋고 시작 기도를 바치세요. 이 노트에 실린 시작 기도나 '수험생을 위한 기도'를 바쳐도 좋고, '자녀를 위한 기도'나 '성모송', '일을 시작하며 바치는 기도'도 좋습니다. 수험생을 위하는 마음을 담아 주님께 그와 함께해 달라는 바람으로 기도를 바쳐 보세요.

2. 오늘의 묵상

그날 주제를 마음에 새기며 하루 한 구절씩 묵상해 보세요. 수험생을 대신하는 마음으로 특히 와닿는 구절을 표시해 두세요. 이를 하루 종일 틈틈이 묵상해도 좋습니다. 성경 구절과 그리스도교 고전의 한 부분, 교황님 말씀 등을 통해 주님의 사랑을 마음 깊이 느껴 보시고 이를 수험생에게 전해 달라고 청해 보세요.

3. 수험생을 위한 한 줄

그날 묵상에 따라 수험생에게 힘이 될 응원의 글을 남겨 보세요. 매일 묵상 구절과 관련된 질문들을 통찰해 보며 수험생이 어떤 마음일지 생각해 보고, 그들에게 전하고 싶었던 이야기를 써 보시길 바랍니다. 이렇게 100일 동안 쓴 편지가 앞으로 수험생에게 어떤 어려움이 다가와도 이겨 낼 힘이 되어 줄 것입니다.

4. 오늘의 기도

묵상을 하며 느낀 모든 어려움을 주님께 봉헌해 보세요. 수험생의 어깨가 한결 가벼워지고 주님께서 함께하심을 느낄 수 있을 것입니다.

5. 개인적인 기도 지향

오늘의 기도를 하며 수험생을 위해 무엇을 바랐는지 구체적으로 써 보세요. 머릿속으로 하는 기도는 빠르게 지나가는 일상 속에서 스쳐 지나가 버리기 쉽습니다. 시험을 준비하는 가운데 건강을 잃지 않도록, 긴장하지 않도록, 집중력을 잃지 않도록, 그날의 기도 지향을 자유롭게 적어 보세요. 묵상과 관련된 구체적인 소망을 써도 좋지만, 다른 어떠한 소망이어도 상관없습니다. 주님께서는 모두 듣고 계십니다.

6. 오늘의 봉헌

오늘 자녀를 위해 주님께 드린 모든 기도와 선행을 적어 보세요. 진주알이 꿰어져 목걸이가 되듯이 하느님의 은총을 청하는 기도 한 번, 이웃을 위해 실천한 선행 한 번이 수험생에게 큰 힘이 될 것입니다.

7. 오늘의 실천

하루 한 가지씩, 수험생을 생각하며 해 보면 좋을 일을 적어 두었습니다. 바쁜 일과 중에도 매일 하나씩 기억하고 실천하다 보면 수험생의 마음을 더 잘 이해하고, 주님께 더 자주 기도드리게 될 것입니다.

노트 작성 예시

01

평안

오늘의 묵상

아무것도 걱정하지 마십시오. 어떠한 경우에든 감사하는 마음으로 기도하고 간구하며 여러분의 소원을 하느님께 아뢰십시오. 그러면 사람의 모든 이해를 뛰어넘는 하느님의 평화가 여러분의 마음과 생각을 그리스도 예수님 안에서 지켜 줄 것입니다.

필리 4,6-7

수험생을 위한 한 줄

수험생이 수능을 앞두고 가장 불안해하는 것은 무엇인가요?
아빠 생각에 네가 이제 와 성적 걱정을 하는 건 아닌 것 같고, 실패하면 고3 생활을 1년 더 할 수도 있다는 게 가장 불안한 부분이 아닐까 해.

마음의 평안을 유지하는 방법에는 어떤 것이 있을까요?
이럴 때 말을 많이 걸면 오히려 그게 스트레스가 되더구나. 스트레스는 먹는 걸로 푸는 거라는데 오늘은 치킨을 사 가지고 갈게.

오늘 수험생에게 해 주고 싶은 이야기를 적어 보세요.
힘들겠지만 언제나 너를 응원하는 아빠가 있다는 거 기억하고, 너무 욕심 부리기보다 지금을 후회하지 않겠다는 마음이면 어떨까 싶어.

누군가에게 전폭적인 사랑을 받고 있다고 느끼면 마음이 고요해집니다. - 안셀름 그륀

DATE 2025 / 8 / 5 / 화요일

오늘의 기도

주님, 오늘은 수능을 100일 앞둔 날입니다. 저희는 수능이 얼마 남지 않았다는 생각이 들 때마다 불안해져만 갑니다. 그동안 열심히 쌓아온 실력을 제대로 발휘하지 못할까 하는 두려움이 밀려옵니다. 주님, 저희의 이 두려움을 가져가 주소서. 그리하여 저희가 오늘 주님 안에서 마음에 평안을 이룰 수 있도록 도와주소서. 아멘.

개인적인 기도 지향

저희 아이가 요즘 잠을 잘 이루지 못합니다. 새벽에 들어와 쓰러지듯 잠에 들고 뭐에 쫓기듯이 잠에서 깨곤 합니다. 주님 당신께서 항상 저희 아이를 품 안에 꼭 안아 주시길, 항상 함께해 주시길 부탁드립니다.

오늘의 봉헌

- 주모경 1번, 묵주 기도 5단, 화살기도 3번
- 직장에서 부하 직원이 실수했을 때 화를 참았음

오늘의 실천

수험생이 마음을 편안하게 가질 수 있도록 따뜻한 진심이 담긴 문자를 보내 보세요.

시작 기도

지극히 사랑하올 예수님,
이번에 수능 시험을 보는 _____ 와
언제나 함께해 주시어
그가 이 시간이 자신의 꿈을 향한 도전의 시간임을 깨닫고
어려움을 용기 있게 극복할 수 있도록 도와주소서.
또한 이 노트를 쓸 때
성령의 빛으로
제 눈을 열어 주시어 주님의 선함을 바라보게 하시고
제 귀를 열어 주시어 주님의 말씀을 놓치지 않게 하소서.
제 입을 열어 주시어 주님께 바치는 기도가 끊이지 않게 하시고
제 마음을 열어 주시어 주님 뜻을 거기에 새길 줄 알게 하소서.
제 손을 열어 주시어 주님 은총을 가득 받게 해 주시고
제 영혼을 열어 주시어 어떤 어려움에도
두려워하지 않게 해 주소서.
아멘.

수험생을 위한 기도

우리 인간의 삶을 섭리하시며 보살펴 주시는 아버지 하느님
당신의 크고 넓으신 사랑에 감사드리며 기도드리오니,
이제 시험을 치르게 된 수험생들로 하여금
당황하여 실수하는 일이 없도록
당신의 은총을 내려 주소서.
또한, 이번 시험을 통하여 당신의 은총을 깊이 깨닫는
기회가 되게 하여 주소서.

사랑의 주님,
수험생들로 하여금 자기 자신의 노력과 재능만을 의지하고
시험에 임하는 어리석음을 지니지 않게 하여 주시고,
자신이 할 수 있는 데까지 힘쓰고,
부족함은 당신의 은총을 기다리는 신앙인이 되게 하소서.
열심히 공부하다가 시험을 치르지만 당신께서 지혜를 주셔야만
아는 지식이라도 바르게 풀 수 있사오니
수험생을 도와주소서.

부정직한 방법으로 시험에 합격하는 자가 되지 않게 하시고,
이번 시험으로 신앙과 생활에 걸림돌이 되는 일이 없도록
당신의 은총을 허락하소서.
시험장에 들어갈 때 당신이 함께 계시다는
굳은 신념을 가지고 시험에 임하게 하시며,
시험의 답안을 작성할 때는
이 시간 부모님께서 기도하고 계신다는 담대한 마음을 가지고
실수하지 않게 하여 주소서.

지혜의 원천이신 아버지 하느님,
당신 자녀들의 마음을 지혜로써 비추어 주시고,
그의 생각을 올바르게 하시어,
성령의 도우심으로 올바른 판단을 가지게 하소서.

우리 주 예수 그리스도를 통하여 비나이다.
아멘.

마침 기도

야훼는 나의 목자,
아쉬울 것 없노라.
파아란 풀밭에 이 몸 누여 주시고,
고이 쉬라 물터로 나를 끌어 주시니
내 영혼 싱싱하게 생기 돋아라.
주께서 당신 이름 그 영광을 위하여,
곧은 살 지름길로 날 인도하셨어라.
죽음의 그늘진 골짜기를 간다 해도
당신 함께 계시오니, 무서울 것 없나이다.
당신의 막대와 그 지팡이에,
시름은 가시어서 든든하외다.

-《시편과 아가》, 시편 23편

01

평안

오늘의 묵상

아무것도 걱정하지 마십시오. 어떠한 경우에든 감사하는 마음으로 기도하고 간구하며 여러분의 소원을 하느님께 아뢰십시오. 그러면 사람의 모든 이해를 뛰어넘는 하느님의 평화가 여러분의 마음과 생각을 그리스도 예수님 안에서 지켜 줄 것입니다.

필리 4,6-7

수험생을 위한 한 줄

수험생이 수능을 앞두고 가장 불안해하는 것은 무엇인가요?

_____
_____

마음의 평안을 유지하는 방법에는 어떤 것이 있을까요?

_____
_____

오늘 수험생에게 해 주고 싶은 이야기를 적어 보세요.

_____
_____

누군가에게 전폭적인 사랑을 받고 있다고 느끼면 마음이 고요해집니다. – 안셀름 그륀

DATE   /   /   /

오늘의 기도

주님, 오늘은 수능을 100일 앞둔 날입니다. 저희는 수능이 얼마 남지 않았다는 생각이 들 때마다 불안해져만 갑니다. 그동안 열심히 쌓아온 실력을 제대로 발휘하지 못할까 하는 두려움이 밀려옵니다. 주님, 저희의 이 두려움을 가져가 주소서. 그리하여 저희가 오늘 주님 안에서 마음에 평안을 이룰 수 있도록 도와주소서. 아멘.

❧ 개인적인 기도 지향

_____
_____
_____
_____

❧ 오늘의 봉헌

_____
_____
_____

오늘의 실천

수험생이 마음을 편안하게 가질 수 있도록 따뜻한 진심이 담긴 문자를 보내 보세요.

건강

오늘의 묵상

그분께서는 피곤한 줄도 지칠 줄도 모르시고 그분의 슬기는 헤아릴 길이 없다. 그분께서는 피곤한 이에게 힘을 주시고 기운이 없는 이에게 기력을 북돋아 주신다. 젊은이들도 피곤하여 지치고 청년들도 비틀거리기 마련이지만 주님께 바라는 이들은 새 힘을 얻고 독수리처럼 날개 치며 올라간다.

이사 40,28-31

수험생을 위한 한 줄

최근 수험생이 가장 피곤해했던 때는 언제였나요?

수험생에게 활력을 찾아 주는 방법에는 어떤 것들이 있을까요?

오늘 수험생에게 해 주고 싶은 이야기를 적어 보세요.

당신이 자신의 길을 걸을 수 있도록 두 발에 힘을 주어야 합니다. - 안셀름 그륀

DATE   /   /   /

오늘의 기도

주님, 지금은 육체적으로도 정신적으로도 지치기 쉬운 때입니다. 이 피로함이 큰일을 이루기 위한 바탕이라는 것을 잘 알지만 혹여 건강이 상하지는 않을까 걱정도 많이 됩니다. 주님께서 살펴 주시어 저희가 수능 날까지 건강을 유지할 수 있도록 돌봐 주소서. 그리고 이제 남은 시간이 짧게 느껴지더라도 건강을 돌보며 준비해야 함을 명심하고 지나치게 욕심 내지 않도록 이끌어 주소서. 아멘.

❧ 개인적인 기도 지향

_____
_____
_____
_____

❧ 오늘의 봉헌

_____
_____
_____

오늘의 실천

수험생과 함께 잠깐 시간을 내서 간단한 운동이나 동네 산책을 해 보세요.

03

믿음

오늘의 묵상

주께서 나의 빛 내 구원이시거늘, 내 누구를 두려워하랴. 주께서 내 생명의 바위시거늘, 내 누구를 무서워하랴. 내 살을 먹으리라 달려들던 악한 무리, 나의 적 그 원수들이 비슬비슬 쓰러지니 나를 거슬러 군대가 진을 쳐도, 내 마음은 겁내지 않으리라. 나를 거슬러 싸움이 일어도, 오히려 나는 든든히 믿으리라.

《시편과 아가》, 시편 27편

수험생을 위한 한 줄

수험생이 주님께 의지했던 순간이 언제였는지 떠올려 보세요.

수험생의 믿음이 굳건해지는 데 어떤 도움을 줄 수 있을까요?

오늘 수험생에게 해 주고 싶은 이야기를 적어 보세요.

그분은 우리를 위해 당신의 생명을 기꺼이, 아무런 대가도 없이 내어 주셨습니다. - 프란치스코 교황

DATE   /   /   /

오늘의 기도

주님, 주님께서는 항상 저희 곁에 계셔 주셨습니다. 그렇게 주님과 함께 저희는 이제껏 힘들었던 순간들을 이겨 내 왔습니다. 주님, 저희가 이를 항상 잊지 않게 해 주소서. 그리고 주님 안에서 어떤 일이든 해낼 수 있다는 믿음을 잃지 않게 해 주소서. 그리하여 저희 삶의 목표가 단순히 이 시험이 아니라는 것을, 그저 저희가 딛고 넘어서야 할 아주 작은 고난임을 잊지 않게 해 주소서. 아멘.

⚜ 개인적인 기도 지향

_____
_____
_____
_____

⚜ 오늘의 봉헌

_____
_____
_____
_____

오늘의 실천

믿음이 흔들릴 때마다 바칠 수 있는 기도를 수험생에게 알려 주세요.

인내

오늘의 묵상

하느님은 너를 지키시는 분, 네 오른쪽의 그늘이시어라. 낮이면 해도 너를 해치지 못하고, 밤이면 달도 너를 해치지 못하리라. 주께서 너를 지켜 모든 액을 막으시고, 당신이 네 영혼을 지켜 주시리라. 나가나 들거나 너를 지켜 주시고, 이제부터 영원까지 그러하시리라.

《시편과 아가》, 시편 121편

❖ 수험생을 위한 한 줄

수험생이 좌절했던 순간은 언제였나요?
_____
_____

힘든 시간을 인내하기 위해서는 마음을 어떻게 다스려야 할까요?
_____
_____

오늘 수험생에게 해 주고 싶은 이야기를 적어 보세요.
_____
_____
_____

하느님께서 그 일을 완성하시는 데에 오랜 시간이 걸리더라도 인내하십시오. – 프란치스코 살레시오 성인

DATE   /   /   /

오늘의 기도

주님, 저희는 너무도 약합니다. 너무 쉽게 좌절하고 포기해 버립니다. 그러나 주님께서 함께 계신다면 그렇지 않을 것입니다. 주님께서 지켜 주신다면 언제든 다시 일어날 수 있을 것입니다. 주님, 저희와 함께하시어 저희가 좌절하거나 포기하지 않고 이 순간을 인내할 수 있도록 도와주소서. 잠깐만 놀고 싶은 마음을 참고 끝까지 버틸 수 있도록 주님께서 힘을 주소서. 아멘.

⚘ 개인적인 기도 지향

_____
_____
_____
_____

⚘ 오늘의 봉헌

_____
_____
_____
_____

오늘의 실천

수능 시험까지 남은 기간을 어떻게 보낼 계획인지 이야기를 나눠 보세요.

05

슬기

오늘의 묵상

주님께서는 지혜를 주시고 그분 입에서는 지식과 슬기가 나온다. 그분께서는 올곧은 이들에게 주실 도움을 간직하고 계시며 결백하게 걸어가는 이들에게 방패가 되어 주신다. 그분께서는 공정의 길을 지켜 주시고 당신께 충실한 이들의 앞길을 보살피신다. 그때에 너는 정의와 공정과 정직을, 모든 선한 길을 깨닫게 되리라.

잠언 2,6-9

✥ 수험생을 위한 한 줄

수험생이 지금 이 시기를 지혜롭게 보내고 있나요?

_____

_____

수능을 준비하며 필요한 지혜에는 어떤 것들이 있을까요?

_____

_____

오늘 수험생에게 해 주고 싶은 이야기를 적어 보세요.

_____

_____

_____

지혜로운 아들은 교훈을 사랑하지만 빈정꾼은 꾸지람을 들으려 하지 않는다. - 잠언 13,1

DATE   /   /   /

오늘의 기도

주님께서는 지혜의 샘이십니다. 그 샘물은 절대로 마르지 않으며, 저희를 촉촉히 적셔 줍니다. 이를 믿는 저희에게 언제나 지혜의 물이 흘러오도록 돌봐 주소서. 주님의 슬기로 지금 겪는 이 어려움을 이겨 낼 수 있도록 돌봐 주소서. 주님께서는 언제 어디에서나 저희를 도와주시는 일을 소홀히 하지 않으시니 제 청을 꼭 들어주소서. 아멘.

❧ 개인적인 기도 지향

_____
_____
_____
_____

❧ 오늘의 봉헌

_____
_____
_____

오늘의 실천

지혜와 관련된 성경 구절을 더 찾아서 읽어 보세요.

06

기대에 짓눌릴 때

오늘의 묵상

저는 다른 이들의 기대에 짓눌린 사람들을 많이 봐 왔습니다. 그렇다고 우리가 다른 이들의 기대에 반드시 부응해야 할 의무가 있는 것은 아닙니다. 우리는 그 기대에 자유롭게 응답할 수 있습니다. 언제, 어떻게, 어디까지 다른 이들의 기대를 채울지는 스스로가 자유로이 결정해야 합니다.

안셀름 그륀, 《딱! 알맞게 살아가는 법》

수험생을 위한 한 줄

수험생이 주변의 기대에 부담을 느꼈다고 말한 적이 있나요?

_____
_____

부담을 주지 않으면서 응원할 수 있는 방법은 무엇일까요?

_____
_____

오늘 수험생에게 해 주고 싶은 이야기를 적어 보세요.

_____
_____
_____

마음속에 하느님의 나라가 오면 당신은 인간의 기대, 요구, 평가로부터 자유로워집니다. – 안셀름 그륀

DATE   /   /   /

오늘의 기도

주님, 저는 언제나 주님께 바라는 바가 많습니다. 저희 아이에게도 그렇습니다. 제 욕심이 많다는 것을 잘 알고 있지만 제가 진정으로 바라는 것은 오직 저희 아이가 잘되는 것입니다. 그러니 제가 거는 기대나 저의 시선이 오히려 그 아이를 힘들게 하지 않게 해 주소서. 그가 자신을 믿으며, 흔들리지 않고 나아가게 해 주소서. 아멘.

✧ 개인적인 기도 지향

_____
_____
_____
_____

✧ 오늘의 봉헌

_____
_____
_____
_____

오늘의 실천

수험생이 공부에 집중할 수 있는 환경을 만들어 주세요.

07

실천

오늘의 묵상

너는 어찌 결심한 바를 내일로 미루는가? 일어나라. 즉시 시작하며 다음과 같이 말하라. "지금이 내가 행할 때요, 지금이 내가 싸울 때요, 지금이 나의 생활을 고치는 데 매우 적당한 시기다." 네가 쉽게 되기 전에는 반드시 불과 물을 지나야 할 것이다. 네가 용기를 내어 너를 이기지 않으면 네 악습을 이기지 못하리라.

토마스 아 켐피스, 《준주성범》

✿ 수험생을 위한 한 줄

수험생이 실천했던 일 가운데 칭찬해 주고 싶은 일은 무엇인가요?
_____
_____

때때로 굳은 결심이 무너질 때 어떤 노력을 할 수 있을까요?
_____
_____

오늘 수험생에게 해 주고 싶은 이야기를 적어 보세요.
_____
_____
_____

나의 눈은 너희를 인도하기 위해 항상 열려 있다. -《성심의 메시지》

DATE   /   /   /

오늘의 기도

주님, 저희는 자주 결심대로 실천하지 못하고 나태해질 때가 많습니다. 그런 저희를 주님께서는 항상 다시 일으켜 세워 주십니다. 한 걸음 더 걸을 수 있도록 용기를 주십니다. 주님, 저희가 오늘 해야겠다고 계획한 바를 꼭 실천할 수 있도록 도와주시고, 주님의 은총 안에서 오늘보다 나은 내일을 만들 수 있도록 이끌어 주소서. 아멘.

⚜ 개인적인 기도 지향

_____
_____
_____
_____

⚜ 오늘의 봉헌

_____
_____
_____

오늘의 실천

수험생의 좌우명은 무엇인지, 왜 그렇게 정했는지 물어보세요.

기도하는 습관

오늘의 묵상

아무리 바빠도 짧은 기도를 하는 법을 익힙시다. 극히 예외적인 경우가 아니라면 기도를 빼먹시 않는 습관을 들입시다. 아침에 일어나서 하느님 앞에 무릎을 꿇고, 하느님을 흠숭하는 마음으로 십자 성호를 그으며, 그날의 모든 일에 강복해 달라고 간청하십시오. 이렇게 짧은 아침 기도는 주님의 기도를 한두 번 바칠 시간에 마칠 수 있습니다.

프란치스코 살레시오 성인, 《가시 속의 장미》

수험생을 위한 한 줄

수험생이 기도하는 모습을 본 적이 있나요?

_____
_____

주님께 더 자주 기도하기 위해서는 어떻게 해야 할까요?

_____
_____

오늘 수험생에게 해 주고 싶은 이야기를 적어 보세요.

_____
_____
_____

진정으로 기도한다는 것은, 하느님의 말씀에 주의를 기울여 듣고 있다는 것입니다. – 프란치스코 교황

DATE   /   /   /

오늘의 기도

주님, 저희는 필요할 때만 주님을 찾곤 합니다. 간절할 때만 주님께 기도하곤 합니다. 이를 반성하며, 언제나 주님께 기도드리고자 하오니 이 마음을 받아 주소서. 저희가 매일 아침저녁마다 주님을 찾게 해 주시고, 아무리 바빠도 공부를 시작할 때와 끝마칠 때에는 기도를 통해 주님과 대화하도록 이끌어 주소서. 아멘.

⚘ 개인적인 기도 지향

_____
_____
_____
_____

⚘ 오늘의 봉헌

_____
_____
_____

오늘의 실천

수험생을 위한 나만의 기도문을 작성해 보세요.

09

겸손

오늘의 묵상

너는 너 자신을 신뢰하지 말고 하느님만을 신뢰하여라. 또한 네가 할 수 있는 것만 해라. 그러면 하느님께서 너의 좋은 지향을 헤아리시고 너를 도우실 것이다. 너는 네 지식도 믿지 말고 어떠한 현세의 기술도 믿지 말고, 오직 하느님의 은총에만 의지해야 한다. 하느님께서는 겸손한 사람을 도우시고, 스스로를 믿는 사람을 낮추시기 때문이다.

토마스 아 켐피스, 《준주성범》

수험생을 위한 한 줄

수험생이 자만했던 순간이 있었는지 떠올려 보세요.

매사에 겸손하려면 어떤 마음을 가져야 할지 생각해 보세요.

오늘 수험생에게 해 주고 싶은 이야기를 적어 보세요.

우리는 주님의 귀중한 은혜를 겸손하게 받아야 합니다. – 프란치스코 살레시오 성인

DATE   /   /   /

오늘의 기도

주님, 저희는 실수가 너무 많습니다. 다 아는 문제인데도 너무 쉽게 생각하다가 자주 틀리고 맙니다. 이런 저희를 도우시어 항상 자만하지 않고 매사에 겸손하도록 도와주소서. 배운 것도 다시 한번 확인할 수 있도록 도우시고 시험을 볼 때에도 자만하여 실수하지 않도록 은총을 베풀어 주소서. 아멘.

⚜ 개인적인 기도 지향

_____
_____
_____
_____

⚜ 오늘의 봉헌

_____
_____
_____

오늘의 실천

수험생과 나누고 싶은 성경 구절을 쪽지에 적어 선물해 보세요.

여유

오늘의 묵상

실수에 집착할 때 완벽주의는 속박이 됩니다. 실수에 집착해서 결과가 뒤집어지지 않는 일을 그대로 놔두지 못하고, 자신이 그 일을 제대로 처리했는지 재차 확인합니다. 완벽을 추구할수록 더 불완전해지는 악순환이 계속됩니다.

안셀름 그륀, 《딱! 알맞게 살아가는 법》

수험생을 위한 한 줄

수험생이 실수에 집착했던 순간이 있었나요?
_____
_____

집착에서 벗어나는 방법에는 어떤 것들이 있을까요?
_____
_____

오늘 수험생에게 해 주고 싶은 이야기를 적어 보세요.
_____
_____
_____

우리는 자신이 지닌 자원에 맞게 일해야 합니다. - 안셀름 그륀

DATE   /   /   /

오늘의 기도

주님, 시험이 다가올수록 여유가 없어집니다. 여유가 없어지니 자꾸 더 자신을 몰아붙이게 됩니다. 그러니 완벽하려 할수록 불완전해진다는 것을 깨닫게 해 주소서. 수능 공부를 마무리하는 이 시점에 더 넓게 볼 수 있도록 도와주시고 시험 때에도 자신이 풀 수 없는 문제보다 풀 수 있는 문제를 찾아 제 실력을 충분히 발휘할 수 있도록 이끌어 주소서. 아멘.

❧ 개인적인 기도 지향

_____
_____
_____
_____

❧ 오늘의 봉헌

_____
_____
_____
_____

오늘의 실천

수험생과 함께 스트레스를 건강하게 해소하는 법에 대해 이야기해 보세요.

하느님의 사랑

오늘의 묵상

그러나 우리는 우리를 사랑해 주신 분의 도움에 힘입어 이 모든 것을 이겨 내고도 남습니다. 나는 확신합니다. 죽음도, 삶도, 천사도, 권세도, 현재의 것도, 미래의 것도, 권능도, 저 높은 곳도, 저 깊은 곳도, 그 밖의 어떠한 피조물도 우리 주 그리스도 예수님에게서 드러난 하느님의 사랑에서 우리를 떼어 놓을 수 없습니다.

로마 8,37-39

수험생을 위한 한 줄

평소 수험생이 하느님의 사랑을 충분히 느끼고 있나요?
_____
_____

하느님의 사랑을 깨닫게 되는 순간은 언제일까요?
_____
_____

오늘 수험생에게 해 주고 싶은 이야기를 적어 보세요.
_____
_____
_____

그분은 우리를 사랑하시고, 우리 존재의 하나하나가 그분께는 소중합니다. - 프란치스코 교황

DATE   /   /   /

오늘의 기도

주님, 주님께서는 저희를 너무도 사랑하십니다. 그래서 저희에게 나쁜 것을 하나도 주시지 않으셨습니다. 그러나 시험이 다가오자 불안과 긴장이 엄습합니다. 두렵고 힘들기만 합니다. 그렇지만 저희는 주님의 사랑을 믿으며 모든 것을 맡기겠습니다. 저희 앞에 닥친 어려움을 이겨 내고 끝까지 달릴 수 있도록 주님께서 힘을 주소서. 아멘.

⚜ 개인적인 기도 지향

_____
_____
_____
_____

⚜ 오늘의 봉헌

_____
_____
_____

오늘의 실천

지쳐 있는 수험생을 위해 가끔은 침묵으로 격려해 주세요.

희망

오늘의 묵상

힘과 용기를 내어라. 너는 이 백성과 함께, 주님께서 그들의 조상들에게 주시겠다고 맹세하신 땅으로 들어가서, 그들에게 저 땅을 나누어 주어야 한다. 주님께서 친히 네 앞에 서서 가시고, 너와 함께 계시며, 너를 버려두지도 저버리지도 않으실 것이니, 너는 두려워해서도 낙심해서도 안 된다.

신명 31,7-8

᭦ 수험생을 위한 한 줄

수험생이 가장 낙심했던 때는 언제였는지 생각해 보세요.

_____

_____

수험생의 마음이 상했을 때 어떻게 도와줄 수 있을까요?

_____

_____

오늘 수험생에게 해 주고 싶은 이야기를 적어 보세요.

_____

_____

_____

주님은 언제나 용기와 희망을 가지고 고난들을 마주할 힘을 우리에게 주십니다. – 프란치스코 교황

DATE   /   /   /

오늘의 기도

주님, 주님께서는 저희의 희망이십니다. 가장 힘든 순간에도 희망을 볼 수 있게 돌보아 주십니다. 저희를 버려두지도 저버리지도 않으십니다. 그러니 저희가 두려움과 절망, 포기하고 싶은 마음이 들 때, 희망만을 보도록 이끌어 주소서. 그리고 그 희망 안에서 최선을 다하도록 인도해 주소서. 아멘.

❖ 개인적인 기도 지향

_____
_____
_____
_____

❖ 오늘의 봉헌

_____
_____
_____
_____

오늘의 실천

수험생에게 기분 전환에 도움이 될 만한 음악 선물을 해 보세요.

회복

오늘의 묵상

부서진 마음들을 낫게 하시고, 그 상처 동여서 매어 주시다. 별들의 수효를 세어 두시고, 저마다의 이름을 부르시도다. 크오셔라 우리 주님, 그 힘은 능하시고, 그 지혜로우심은 헤아릴 길 없어라. 주께서는 낮은 자를 들어 올려 주시고, 악한 자는 땅에까지 낮추시도다.

《시편과 아가》, 시편 147편

수험생을 위한 한 줄

수험생이 힘든 시간을 어떻게 이겨 내고 있나요?

_____

_____

학업에 지치거나 사람들에게 상처받았을 때, 어떤 기도를 바쳐야 할까요?

_____

_____

오늘 수험생에게 해 주고 싶은 이야기를 적어 보세요.

_____

_____

_____

어둠 속에서 빛나는 다른 사람들의 빛을 볼 수 있게 하십시오. - 프란치스코 교황

DATE   /   /   /

오늘의 기도

주님, 주님께서는 항상 저희를 치유해 주시는 분이십니다. 주님이 곁에 계시면 어떠한 상처도 곧장 나을 것입니다. 주님이 곁에 계시면 아무리 피로해도 즉시 회복될 것입니다. 주님, 저희 곁에 오소서. 따뜻한 손길로 저희를 안아 주소서. 이 불안과 두려움의 그늘에서 저희를 꺼내 주소서. 아멘.

⚜ 개인적인 기도 지향

_____
_____
_____
_____

⚜ 오늘의 봉헌

_____
_____
_____
_____

오늘의 실천

수험생에게 숙면에 도움이 되는 편안한 잠자리를 만들어 주세요.

14

힘

오늘의 묵상

주여 당신의 집에 사는 이는 복되오니, 길이길이 당신을 찬미하리이다. 순례의 길을 떠날 섹에, 주님께 힘을 얻는 자 복되오니 메마른 골짜기를 지나면서도, 샘물이 솟게 하리이다. 상서로운 첫 비에 젖게 하리이다. 그들은 더욱더욱 힘차게 나아가, 신들의 하느님을 시온에서 뵈오리다.

《시편과 아가》, 시편 84편

♣ 수험생을 위한 한 줄

수험생이 꿈을 향해 힘차게 나아가고 있나요?

_____

_____

수험생에게 힘이 되는 선물에는 어떤 것들이 있을까요?

_____

_____

오늘 수험생에게 해 주고 싶은 이야기를 적어 보세요.

_____

_____

_____

나를 돌아보시와 불쌍히 여기소서, 이 종에게 당신 힘을 내리옵소서. - 《시편과 아가》, 시편 86편

DATE   /   /   /

오늘의 기도

주님, 어서 오소서. 당신을 찬양하오리다. 주님, 어서 오소서. 당신만을 바라나이다. 주님이 곁에 계시면 두려울 것 없나이다. 주님이 곁에 계시면 힘들 일 하나 없나이다. 주님, 저희 곁에 오소서. 저희에게 힘을 주소서. 당신 앞으로 힘차게 나아갈 수 있도록 저희 마음을 이끌어 주소서. 아멘.

୰ 개인적인 기도 지향

୰ 오늘의 봉헌

오늘의 실천

곤경에 처했다가 하느님의 은총을 받은 성경 속 인물에 관해 알아보고, 수험생에게 이야기를 들려주세요.

15

주님과의 만남

오늘의 묵상

아주 캄캄한 순간, 저는 스스로에게 이렇게 물음을 던졌습니다. "하느님, 당신은 어디 계십니까?" 제가 하느님을 찾는 가운데 늘 깨달은 것은, 오히려 그분께서 저를 먼저 찾고 계셨다는 것입니다. 그분께서는 언제나 먼저 오셔서 우리를 기다리고 계십니다.

프란치스코 교황, 《GOD is Young》

✦ 수험생을 위한 한 줄

수험생이 주님을 간절히 찾게 되는 순간은 언제일까요?
_____
_____

주님과 더 자주 만나기 위해서는 어떤 노력이 필요할까요?
_____
_____

오늘 수험생에게 해 주고 싶은 이야기를 적어 보세요.
_____
_____
_____

우리는 하느님과 더불어 평화 가운데 있을 것이며 참된 자유를 경험하게 될 것입니다. – 프란치스코 교황

DATE   /   /   /

오늘의 기도

주님, 오늘도 주님을 찾습니다. 주님께서 어디 계신지 찾고 있습니다. 주님께서 주시는 평화가 어디에 있는지, 주님께서 주시는 안정이 어디 있는지 불안한 마음으로 찾고 있습니다. 주님, 저희는 여기에 있습니다. 너무도 어두운 이곳에 있습니다. 주님, 저희를 찾아 주소서. 찾아서 밝게 비춰 주소서. 저희를 품에 안고 안심시켜 주소서. 아멘.

♦ 개인적인 기도 지향

♦ 오늘의 봉헌

오늘의 실천

너는 언제나 하느님 품 안에 있으니 안심하라고 꾸준히 말해 주세요.

미소

오늘의 묵상

우리 또한 바로 그 여정 안에서 새로운 희망을 품고, 미소 지을 수 있습니다. 어둠과 역경 속에서 미소 짓기란 어렵습니다. 하지만 희망은 우리를 하느님께로 인도해 주는 길을 발견하도록 미소 짓는 법을 알려 줍니다. 오직 희망만이 진정한 미소를 짓게 해 줍니다. 그것은 하느님을 만날 수 있는 희망의 미소입니다.

프란치스코 교황, 《그래도 희망》

❧ 수험생을 위한 한 줄

수험생이 마음에 어떤 희망을 품고 있을지 생각해 보세요.

그 희망을 위해 주님께 어떤 기도를 드릴 수 있을까요?

오늘 수험생에게 해 주고 싶은 이야기를 적어 보세요.

우리와 함께하시는 분의 이 성실한 사랑과 희망은 우리를 실망시키지 않습니다. – 프란치스코 교황

DATE   /   /   /

오늘의 기도

주님, 새로운 시작은 항상 두려움과 함께 옵니다. 그러나 그 시작 속에 저희의 희망이 있습니다. 저희가 이 진리를 항상 잊지 않게 해 주소서. 어둠과 역경 속에서, 미래에 대한 불안 속에서도 저희가 희망을 발견하고 미소 지을 수 있게 해 주소서. 오히려 희망을 고대하게 해 주소서. 아멘.

❧ 개인적인 기도 지향

_____
_____
_____
_____

❧ 오늘의 봉헌

_____
_____
_____

오늘의 실천

수험생에게 도움이 될 좋은 책 한 권을 읽어 보세요.

감사

오늘의 묵상

너는 아무리 작은 은혜를 받았을지라도 감사하라. 그러면 큰 은혜를 받을 자격이 생길 것이다. 아주 작은 선물이라도 가장 큰 깃으로 여기고, 아주 소홀히 여길 만한 것이라도 특별히 중요한 은혜로 생각하라. 은혜를 베푸시는 분의 권위를 생각한다면, 은혜는 작은 것도 없고 천한 것도 없다.

토마스 아 켐피스, 《준주성범》

수험생을 위한 한 줄

수험생이 평소에 감사 표현을 자주 하는 편인가요?
_____
_____

작은 일에도 감사하는 습관을 가지려면 어떻게 해야 할까요?
_____
_____

오늘 수험생에게 해 주고 싶은 이야기를 적어 보세요.
_____
_____
_____

하느님의 영광은 아주 작은 일에서 나타납니다. - 카를로 마리아 마르티니

DATE   /   /   /

오늘의 기도

주님, 오늘 이 시간 감사를 떠올리게 해 주심에 진심으로 감사드립니다. 감사는 저희 삶을 빛나게 해 줄 뿐 아니라 저희가 더욱 겸손하도록 이끌어 줄 것입니다. 감사는 주님의 선물입니다. 그러니 주님, 저희가 어려울 때일수록 더욱 감사하게 해 주소서. 특히 지금의 작은 어려움이 훗날을 위한 밑거름임을 잊지 않고, 이 시간을 감사하며 보내도록 도와주소서. 아멘.

⚜ 개인적인 기도 지향

_____
_____
_____
_____

⚜ 오늘의 봉헌

_____
_____
_____
_____

오늘의 실천

수험생에게 너는 너만의 장점이 있다고 격려해 주세요.

축복

오늘의 묵상

나는 너를 큰 민족이 되게 하고, 너에게 복을 내리며, 너의 이름을 떨치게 하겠다. 그리하여 너는 복이 될 것이다. 너에게 축복하는 이들에게는 내가 복을 내리고, 너를 저주하는 자에게는 내가 저주를 내리겠다. 세상의 모든 종족들이 너를 통하여 복을 받을 것이다.

창세 12,2-3

수험생을 위한 한 줄

수험생을 위한 축복 기도를 자주 드리고 있나요?
_____
_____

수험생은 주님이 축복해 주심을 굳게 믿고 있나요?
_____
_____

오늘 수험생에게 해 주고 싶은 이야기를 적어 보세요.
_____
_____

당신께서 그의 길을 축복한다는 것을 굳건히 믿게 하소서. - 안셀름 그륀

DATE   /   /

오늘의 기도

주님, 자녀를 사랑할 수 있다는 사실은 주님께서 저희에게 허락하신 큰 축복입니다. 그러나 바쁜 일상을 살아가다 보면, 매 순간 자녀에게 사랑하는 마음을 표현하고, 매일 자녀를 위해 기도하는 것이 쉽지만은 않습니다. 그런 저희에게 하루 중 잠시라도 자녀와 함께하는 시간을 마련할 수 있도록 힘을 주소서. 자녀를 축복하는 소중한 시간을 보낼 수 있도록 이끌어 주소서. 아멘.

⚘ 개인적인 기도 지향

_____
_____
_____
_____

⚘ 오늘의 봉헌

_____
_____
_____

오늘의 실천

수험생의 건강을 바라며 성모님께 짧은 편지를 써 보세요.

기다림

오늘의 묵상

내 영혼이 주님을 기다리오며, 당신의 말씀을 기다리나이다. 파수꾼이 새벽을 기다리기보다, 내 영혼이 주님을 너 기다리나이다. 파수꾼이 새벽을 기다리기보다 이스라엘이 주님을 더 기다리나이다. 주님께는 자비가 있사옵고, 풍요로운 구속이 있음이오니 당신은 그 모든 죄악에서, 이스라엘을 구속하시리이다.

《시편과 아가》, 시편 130편

❧ 수험생을 위한 한 줄

수험생이 주님의 은총을 기다리며 수능 준비에 임하고 있나요?

_____
_____

수험생이 주님을 믿고 의지하게 하려면 어떤 도움이 필요할까요?

_____
_____

오늘 수험생에게 해 주고 싶은 이야기를 적어 보세요.

_____
_____
_____

야훼님, 우리가 당신께 바랐던 그대로 어여삐 여기심을 우리 위에 내리소서. – 《시편과 아가》, 시편 33편

DATE   /   /   /

오늘의 기도

주님, 기다림은 희망과 간절함을 가져오기도 하지만 조급함과 불안함을 가져오기도 합니다. 긴 시간 동안 이번 수능 시험을 기다려 왔기에, 끝이 보이는 지금 저희는 조급해지기도 하고 불안해지기도 합니다. 주님, 이러한 저희가 주님께 희망을 두고 더 나은 내일을 꿈꾸며 최선을 다해 용기 낼 수 있도록 이끌어 주소서. 아멘.

❧ 개인적인 기도 지향

_____
_____
_____
_____

❧ 오늘의 봉헌

_____
_____
_____

오늘의 실천

수험생이 좋아하는 것들에 귀 기울여 보세요.

응답

오늘의 묵상

임금의 마음이 원하는 바를 내려 주시고 임금의 모든 계획을 이루어 주소서. 임금의 승리를 우리가 기뻐하고, 우리 주 이름으로 깃발을 올리려노니 임금의 모든 기원을 주께서 들어주소서. 이제야 내 아노니 주는 축성된 자에게 승리를 주셨도다. 그 오른팔 이기시는 힘으로 당신의 거룩한 하늘에서 응답해 주셨도다.

《시편과 아가》, 시편 20편

수험생을 위한 한 줄

수험생이 자신의 노력에 주님께서 어떻게 응답하실 것이라고 생각하나요?

_____

_____

주님의 응답을 기다리며 어떤 기도를 바칠 수 있을까요?

_____

_____

오늘 수험생에게 해 주고 싶은 이야기를 적어 보세요.

_____

_____

_____

고요히 주님 안에 있거라, 믿고 있거라. –《시편과 아가》, 시편 37편

DATE   /   /   /

오늘의 기도

주님, 주님께서는 저희의 청원에 항상 응답하고 계십니다. 용기를 주시기도 하고, 잘못을 알려 주시기도 하며, 방법을 일러 주시기도 합니다. 그러나 저희는 그것을 알아듣지 못하는 경우가 많습니다. 주님, 이런 저희에게 당신의 응답을 알아볼 수 있는 눈을 주소서. 당신의 응답을 들을 수 있는 귀를 주소서. 그리하여 당신이 이끄시는 길에서 벗어나지 않게 해 주소서. 아멘.

❧ 개인적인 기도 지향

_____
_____
_____
_____

❧ 오늘의 봉헌

_____
_____
_____

오늘의 실천

수험생이 진학을 희망하는 대학, 학과에 대해 이야기를 나눠 보세요.

굳셈

오늘의 묵상

주님께서 늘 너를 이끌어 주시고 메마른 곳에서도 네 넋을 흡족하게 하시며 네 뼈마디를 튼튼하게 하시리라. 그러면 너는 물이 풍부한 정원처럼, 물이 끊이지 않는 샘터처럼 되리라. 너는 오래된 폐허를 재건하고 대대로 버려졌던 기초를 세워 일으키리라. 너는 갈라진 성벽을 고쳐 쌓는 이, 사람이 살도록 거리를 복구하는 이라 일컬어지리라.

이사 58,11-12

수험생을 위한 한 줄

수험생이 약한 모습을 보인 적이 있는지 생각해 보세요.

굳센 의지를 가지고 나아가려면 주님께 어떤 은총을 청해야 할까요?

오늘 수험생에게 해 주고 싶은 이야기를 적어 보세요.

자신을 다른 사람들과 비교할 것이 아니라, 자신만의 개성 넘치는 탑을 세워야 합니다. - 안셀름 그륀

DATE   /   /   /

오늘의 기도

주님, 주님께서는 저희의 산성, 저희의 요새이십니다. 주님께서 저희를 지켜 주시기에 저희는 안심할 수 있습니다. 그러니 주님, 저희가 당신 보호 아래서 성장할 수 있도록 하소서. 이 시기가 저희의 성장을 위한 기초가 되게 하소서. 이 계절이 지나 수확할 때가 왔을 때 저희가 좋은 열매를 맺을 수 있도록 저희를 올바로 키워 주소서. 아멘.

✧ 개인적인 기도 지향

_____
_____
_____
_____

✧ 오늘의 봉헌

_____
_____
_____

오늘의 실천

미사 시간에 시험을 준비하는 다른 수험생을 위해서도 기도해 주세요.

일치

오늘의 묵상

신앙을 위해서 많은 가르침이나 말마디는 필요하지 않습니다. 온 삶으로 말하세요. 삶으로 일치되어야만 합니다. 이러한 일관된 삶이야말로 그리스도인으로 사는 것입니다. 일상에서 예수님과 만나고 또 다른 것을 함께 나누면서 말이지요. 우리는 밖으로 증거해야만 합니다.

프란치스코 교황, 《뒷담화만 하지 않아도 성인이 됩니다》

수험생을 위한 한 줄

수험생이 신앙생활을 어떻게 하고 있나요?
_____
_____

그리스도인답게 살아가려면 어떤 노력이 필요할까요?
_____
_____

오늘 수험생에게 해 주고 싶은 이야기를 적어 보세요.
_____
_____

전혀 의식하지 못하는 가운데 얻은 명예가 진정으로 가치 있는 것입니다. – 프란치스코 살레시오 성인

DATE   /   /   /

오늘의 기도

주님, 이제까지 저희는 수년간 이 시험을 위해 달려왔습니다. 미래를 꽃피운다는 명목으로 많은 시간 동안 하고 싶은 것을 참으며 지내 왔습니다. 이 때문에 주님과 더욱 가까워지지 못한 적도 많습니다. 이를 주님께 사죄하오니 받아 주소서. 주님과 일치하려 더욱 노력하겠사오니 저희 발목을 잡고 있는 이 굴레에서 벗어날 수 있도록 도와주소서. 아멘.

❧ 개인적인 기도 지향

❧ 오늘의 봉헌

오늘의 실천

수험생을 생각하며 경건한 마음으로 성체 조배를 해 보세요.

기도를 청하는 마음

오늘의 묵상

교황은 언제나 우리에게 기도를 요청하면서 우리도 모든 사람에게 기도를 요청해야 한다는 놀라운 모범을 보여 주고 있습니다. 때때로 누군가에게 도움을 요청할 때, 모든 사람에게 기도를 요청했던 프란치스코 교황의 모습을 떠올려 보십시오. 교황의 겸손을 배웁시다. 그리고 다른 사람들과 함께 기도하는 기쁨도 찾아보십시오.

프란치스코 교황, 《프란치스코 교황이 초대하는 이달의 묵상: 기도》

🌱 수험생을 위한 한 줄

수험생이 주님께 자주 기도드리고 있나요?
_____
_____

가장 좋은 기도는 어떤 기도일지 생각해 보세요.
_____
_____

오늘 수험생에게 해 주고 싶은 이야기를 적어 보세요.
_____
_____
_____

할 말이 있으면 언제든지 나에게 말하여라. -《성심의 메시지》

DATE   /   /   /

오늘의 기도

주님, 저희에게는 기도가 많이 필요합니다. 특히 수험생인 저희 자녀에게는 기도가 더욱 절실합니다. 모나고 부족한 저희 모습을 잘 알고 있사오나 간절함을 보시어 저희 자녀를 돌봐 주소서. 주님께서 하고자 하시면 무엇이든 하실 수 있음을 믿사오니 항상 저희와 함께해 주소서. 아멘.

❧ 개인적인 기도 지향

_____
_____
_____
_____

❧ 오늘의 봉헌

_____
_____
_____
_____

오늘의 실천

작은 기도함을 마련해 수험생을 위한 지향을 써서 틈틈이 넣어 보세요.

보살핌

오늘의 묵상

주를 찾는 이들은 하나도 빠짐없이 님으로 해 기쁘고 즐겁게 하소서. 님의 구원하심을 바라는 이들은, "야훼님 크옵시다"를 항상 일컫게 하소서. 나는 가난하고 불쌍하오니, 주여 나를 보살펴 주옵소서. 날 구하고 돌보실 분 당신이시니 야훼님 더디 오지 마시옵소서.

《시편과 아가》, 시편 70편

수험생을 위한 한 줄

수험생은 주님께서 자신을 보살펴 주신다고 굳게 믿고 있나요?

수능을 앞두고 압박감이 들 때 주님께 어떤 은총을 청할 수 있을까요?

오늘 수험생에게 해 주고 싶은 이야기를 적어 보세요.

우리 주 하느님께서 사람이 할 수 없는 일을 요구하신다고 생각해서는 안 됩니다. – 프란치스코 교황

DATE   /   /   /

오늘의 기도

주님, 당신의 보살핌을 무엇에 비길 수 있겠습니까. 저희를 아끼시는 마음을 무어라 이를 수 있겠습니까. 이러한 주님 마음을 모두 깨닫기에는 저희가 참으로 부족하오나 저희를 아끼시는 만큼 저희가 노력한 바를 이룰 수 있게 도와주소서. 온전히 결실을 맺을 수 있도록 돌봐주소서. 아멘.

⚜ 개인적인 기도 지향

_____
_____
_____
_____

⚜ 오늘의 봉헌

_____
_____
_____

오늘의 실천

수험생을 위한 영양 간식을 만들어 주세요.

25

바른길

오늘의 묵상

주여 당신의 길을 내게 보여 주시고, 당신의 지름길을 가르쳐 주소서. 당신은 나를 구하시는 하느님이시니, 당신의 진리 안을 걷게 하시고, 그 가르치심을 내려 주소서. 나는 항상 당신께 바라고 있나이다. 불쌍히 여기심을, 주여 돌아보소서. 영원하신 그 자비를 헤아리소서.

《시편과 아가》, 시편 25편

수험생을 위한 한 줄

수험생은 주님께서 이끌어 주시는 바른길을 걷고 있나요?
_____
_____

유혹에 빠질 때, 주님께 어떤 기도를 드리면 좋을까요?
_____
_____

오늘 수험생에게 해 주고 싶은 이야기를 적어 보세요.
_____
_____
_____

우리는 오직 주 예수님의 현존에 의지해 걸을 때 안전합니다. - 프란치스코 교황

DATE   /   /   /

오늘의 기도

주님, 주님께서는 참 좋은 분이시니, 당신이 알려 주시는 길은 언제나 가장 빠른 지름길입니다. 그러니 저희 마음대로 가기보다는 주님께서 일러 주신 길로 향할 수 있게 도와주소서. 이제 수능 시험을 마치고 나면 저희는 새로운 세상으로 나아갑니다. 낯선 길을 어찌 가야 할지 주님께서 가르침을 내려 주소서. 주님의 길을 보여 주소서. 아멘.

⚜ 개인적인 기도 지향

_____
_____
_____
_____

⚜ 오늘의 봉헌

_____
_____
_____

오늘의 실천

집중력을 흐릴 수 있는 습관을 지양하도록 도와주세요.

주는 기쁨

오늘의 묵상

사랑이 텅 빈 우리의 손을 자주 바라봅시다. 바로 오늘, 대가를 받을 수 없지만 우리가 내어 줄 수 있는 선물에 대해 생각해 봅시다. 분명 이것은 주님을 기쁘게 할 예물이 될 것입니다. 더불어 그분께 청합시다. "주님, 저에게 '주는 기쁨'을 알려 주십시오."라고 말입니다.

프란치스코 교황, 《오늘처럼 하느님이 필요한 날은 없었다》

수험생을 위한 한 줄

수험생이 친구들을 대하는 태도는 어떠한가요?

주변 사람들에게 나눔을 실천했을 때, 우리가 얻는 것은 무엇일까요?

오늘 수험생에게 해 주고 싶은 이야기를 적어 보세요.

이웃을 사랑하지 않고는 하느님을 사랑할 수 없습니다. – 프란치스코 교황

DATE   /   /   /

오늘의 기도

주님, 오늘 이렇게 자리에 앉아서 차분히 묵상해 봅니다. 그러고 보니 이제껏 주님을 기쁘게 한 일이 그리 많지 않습니다. 사랑을 주기보다는 받기를 바랐고, 자비를 베풀기보다는 내 것을 챙기기 바빴습니다. 주님께 용서를 청하며 앞으로는 그러지 않을 것을 다짐하오니 주님께서 저희를 이끄시어 사랑을 나누는 기쁨 속에서 앞날에 대한 참희망을 찾도록 도와주소서. 아멘.

⚜ 개인적인 기도 지향

_____
_____
_____
_____

⚜ 오늘의 봉헌

_____
_____
_____
_____

오늘의 실천

수험생이 털어놓는 고민에 진심으로 공감해 주세요.

약속

오늘의 묵상

일상의 온갖 걱정과 곤경에 사로잡혀 마음이 짓눌리면, 하느님의 약속을 바라보지 못할 수 있습니다. 때때로 하느님이 매우 멀리 계신다고 느껴집니다. 그럴 때일수록 단순한 마음으로 돌아가 스스로 우리 일을 해내야 할 것입니다. 마음속 깊이 기도하고, 분노와 고통 속에서도 두려움 없이 하느님 앞에 나아가야 합니다.

프란치스코 교황, 《프란치스코 교황이 초대하는 이달의 묵상: 기도》

수험생을 위한 한 줄

수험생은 걱정이 생길 때 어떤 모습을 보이나요?

_____

_____

걱정을 뒤로하고 전진하려면, 주님께 어떤 은총을 청해야 할까요?

_____

_____

오늘 수험생에게 해 주고 싶은 이야기를 적어 보세요.

_____

_____

_____

어떠한 유혹이라도 그냥 지나가게 내버려 두십시오. - 프란치스코 살레시오 성인

DATE   /   /   /

오늘의 기도

주님, 지금은 수능 시험을 앞두고 가장 유혹이 심한 때입니다. 불안과 두려움 속에서 집중이 되지 않아 헛된 것에 마음을 쏟기 쉽습니다. 그러나 오늘은 단 한 가지만 기억하고자 합니다. 주님의 약속은 굳건하고 항상 이루어진다는 것입니다. 저희가 이를 굳게 믿으며 어떠한 유혹도 이겨 낼 수 있도록 도와주소서. 주님 안에서 평화와 안정을 찾게 해 주소서. 아멘.

⚜ 개인적인 기도 지향

_____
_____
_____
_____

⚜ 오늘의 봉헌

_____
_____
_____

오늘의 실천

수험생에게 부담이 되는 말은 자제하고 묵묵히 응원을 보내 주세요.

성실함

오늘의 묵상

자신이 평범하다는 사실을 인정할 때, 우리는 맡은 일을 더 훌륭히 수행할 수 있습니다. '자신을 평범하다고 여기는 것'과 '자신을 무능하게 여기는 것'은 다릅니다. '짐을 성실하게 운반하는 나귀'는 맡은 일을 피하지 않습니다. 성실한 나귀는 자기 능력을 의심하는 일 없이 그저 맡은 일을 수행할 뿐입니다.

안셀름 그륀, 《딱! 알맞게 살아가는 법》

◆ 수험생을 위한 한 줄

수험생이 수능 준비에 성실하게 임하고 있나요?
_____
_____

수험생이 자신의 능력을 의심할 때, 어떤 기도를 드리면 좋을까요?
_____
_____

오늘 수험생에게 해 주고 싶은 이야기를 적어 보세요.
_____
_____

그러므로 쉽게 체념하지 말고 우리가 책임진 모든 일을 성심껏 해야겠습니다. – 프란치스코 교황

DATE   /   /   /

오늘의 기도

주님, 저희는 저희가 가진 능력을 매일 의심합니다. 이런 의구심을 버리지 못해 자꾸 놀고 싶은 유혹과 피곤하여 쉬고 싶다는 유혹에 지고 맙니다. 그러나 주님께서는 이 모든 것을 이기시는 분, 성실하신 분이십니다. 주님만을 믿으며, 주님께 저희를 온전히 봉헌하오니 주님께서 저희를 이끌어 주시어 시간을 헛되이 하는 유혹에서 벗어날 수 있도록 인도해 주소서. 아멘.

개인적인 기도 지향

_____
_____
_____

오늘의 봉헌

_____
_____
_____

오늘의 실천

수험생이 좋아하는 과목에 관심을 갖고 칭찬해 주세요.

의탁

오늘의 묵상

주께서 정녕 너를 사냥꾼의 올무에서, 모진 괴질에서 구하여 주시리라. 그 나래로 너를 휩싸 주시리니, 그 깃 아래로 너는 숨어들리라. 그 진실하심은 손 방패와 몸 방패이시니 너는 밤의 무서움도 대낮에 날아오는 화살도, 어둠 속을 싸다니는 역질도, 한낮에 쳐 오는 재앙도 무섭지 않으리라.

《시편과 아가》, 시편 91편

수험생을 위한 한 줄

수험생이 불안한 마음을 주님께 의탁하고 있나요?
_____
_____

주님께 모든 것을 의탁해야 하는 이유는 무엇일까요?
_____
_____

오늘 수험생에게 해 주고 싶은 이야기를 적어 보세요.
_____
_____
_____

하느님을 사랑한다는 것은, 그분께 자신을 온전히 의탁한다는 뜻입니다. - 프란치스코 교황

DATE   /   /

오늘의 기도

주님, 주님께서는 저희의 피난처, 저희는 주님께 의탁하옵니다. 어려움 속에서도 주님께 기도할 수 있으니 이 얼마나 큰 기쁨이고 위안입니까. 이렇게 당신께 의탁할 수 있음은 저희가 받은 큰 선물입니다. 주님께서 주신 이 선물에 기대어 오늘도 청하오니 주님께서 저희를 지켜 주시고 마음속에 평정을 잃지 않도록 돌봐 주소서. 항상 최선을 다하되 조바심을 내지 않도록 돌봐 주소서. 아멘.

❧ 개인적인 기도 지향

_____
_____
_____
_____

❧ 오늘의 봉헌

_____
_____
_____

오늘의 실천

믿음을 다지는 데 도움이 되는 성경 구절을 찾아 수험생에게 들려주세요.

평화

오늘의 묵상

보호자, 곧 아버지께서 내 이름으로 보내실 성령께서 너희에게 모든 것을 가르치시고 내가 너희에게 말한 모든 것을 기억하게 해 주실 것이다. 나는 너희에게 평화를 남기고 간다. 내 평화를 너희에게 준다. 내가 주는 평화는 세상이 주는 평화와 같지 않다. 너희 마음이 산란해지는 일도, 겁을 내는 일도 없도록 하여라.

요한 14,26-27

수험생을 위한 한 줄

수험생은 내면의 평화를 얻기 위해 어떤 노력을 하고 있나요?

_____

_____

시험 날까지 평온한 상태를 유지하려면 어떤 노력이 필요할까요?

_____

_____

오늘 수험생에게 해 주고 싶은 이야기를 적어 보세요.

_____

_____

_____

우리 내면에 있는 평화의 장소에는 하느님이 살고 계십니다. – 안셀름 그륀

DATE   /   /   /

오늘의 기도

주님, 불안하지 않으려 할수록 더욱 불안해지는 저희를 봅니다. 혹시 저희 자녀가 잘못되지는 않을까 두려워하며 하루하루 초조함을 삼킵니다. 그러나 시간이 지날수록 속은 까맣게 타들어 갑니다. 이런 저희를 당신 팔로 꽉 붙들어 주소서. 어려우면 어려울수록 주님께 더 기대게 해 주소서. 아멘.

⚘ 개인적인 기도 지향

_____
_____
_____
_____

⚘ 오늘의 봉헌

_____
_____
_____

오늘의 실천

'괜찮아?'라고 묻기보단 '괜찮지 않은 게 당연해.'라고 말해 주세요.

다시 일어서는 힘

오늘의 묵상

실상 인생이라는 작품에서 중요한 것은, 넘어진 적이 없었다는 것이 아니라, 그렇게 넘어졌음에도 그곳에 머무르지 않았다는 것입니다. 넘어지면 곧바로 다시 일어나 가던 길을 계속해서 걸어 나가면 되니까요! 이런 일은 매일매일 일어납니다. 그리고 이것이 우리 인간들의 삶입니다.

프란치스코 교황, 《뒷담화만 하지 않아도 성인이 됩니다》

수험생을 위한 한 줄

수험생이 힘든 순간들을 어떻게 이겨 내고 있나요?

길고 지치는 수험 생활 중에 주님께 어떤 은총을 청해야 할까요?

오늘 수험생에게 해 주고 싶은 이야기를 적어 보세요.

제가 곤궁 속에서 주님을 불렀더니 주님께서 저에게 응답해 주셨습니다. - 요나 2,3

DATE   /   /   /

오늘의 기도

주님, 오늘 저희에게 주어진 삶을 진지하게 묵상해 보았습니다. 어느 것 하나 제가 이룬 것이 없고 모두 주님께서 주신 것이었습니다. 삶이라는 선물을 주셔서 진심으로 감사드립니다. 이제 새로운 시작을 향해 달려가는 저희 아이들도 주님께서 이끌어 주소서. 당신 자녀답게 살아가는 법을 가르쳐 주소서. 아무리 힘들고 어려워도 주님을 떠올리며 열심히 살 수 있는 길을 그들에게 열어 주소서. 아멘.

⚜ 개인적인 기도 지향

_____
_____
_____
_____

⚜ 오늘의 봉헌

_____
_____
_____

오늘의 실천

5분 정도 시간을 내서 수험생과 함께 스트레칭을 해 보세요.

단련

오늘의 묵상

하느님, 은 덩이를 풀무 불로 달구어 내듯 당신이 우리를 단련시키셨으니 올가미에 우리가 걸리게 하시고, 허리가 휘일 짐을 메워도 주시고 말 타듯 우리의 머리 위를, 원수들이 지나가게 하시어 물과 불을 우리는 거쳐 왔사오나, 마침내는 편히 쉬게 하셨나이다.

《시편과 아가》, 시편 66편

♪ 수험생을 위한 한 줄

수험생이 강한 체력과 굳센 정신을 지니고 있나요?

_____

_____

몸과 마음을 더욱 단련하기 위해서는 어떻게 노력해야 할까요?

_____

_____

오늘 수험생에게 해 주고 싶은 이야기를 적어 보세요.

_____

_____

_____

하느님께서는 참으로 세상의 풍파에 시달리는 영혼들을 사랑하십니다. – 프란치스코 살레시오 성인

DATE   /   /   /

오늘의 기도

주님, 주님께서는 저희가 넘을 수 있는 어려움만을 주십니다. 그러니 성적이 부진했을 때에도 좌절하지 않을 힘을 주시고, 오늘의 노력이 내일 바로 결실을 맺지 못한다 하여도 마음을 다잡고 더욱 노력할 수 있게 도와주소서. 경쟁과 질투 속에서도 다른 이들을 아끼고 사랑하는 마음을 잃지 않게 하여 주시고, 잘못된 방법을 사용해 보려는 유혹 속에서도 굳건히 주님의 길을 따르게 해 주소서. 아멘.

❧ 개인적인 기도 지향

_____
_____
_____
_____

❧ 오늘의 봉헌

_____
_____
_____

오늘의 실천

수험생에게 예수님이 어떤 분인지, 어떤 조롱과 고난을 견디셨는지 이야기해 주세요.

주님께 맡김

오늘의 묵상

주님만 바라고 너는 선을 하라, 네 땅에 살면서 태평을 누리리라. 네 즐거움일랑 주님께 두라, 네 마음이 구하는 바를 당신이 주시리라. 네 앞길 주께 맡기고 그를 믿어라, 몸소 당신이 해 주시리라. 날빛처럼 네 의를 떠오르게 하시며, 대낮처럼 네 권리를 세워 주시리라.

《시편과 아가》, 시편 37편

수험생을 위한 한 줄

수험생은 어려운 일을 마주했을 때 어떤 모습을 보이나요?

어려움을 이겨 내려면 주변에서 어떤 도움을 주어야 할까요?

오늘 수험생에게 해 주고 싶은 이야기를 적어 보세요.

우리는 그리스도 앞에서 아무것도 감출 필요가 없습니다. – 안셀름 그륀

DATE   /   /   /

오늘의 기도

주님, 주님께서는 믿음이 산도 옮길 수 있는 기적을 만들어 낸다고 말씀해 주셨습니다. 그러니 저희가 주님을 굳게 믿고, 저희가 할 수 있는 바 최선을 다하며, 그 밖의 모든 일은 주님께 맡겨 드리게 해 주소서. 저희의 허튼 생각도, 두려움도, 심지어 노력까지도 주님께 맡겨 드리며 오직 주님만을 찬양하오니, 저희가 바른길을 가도록 인도해 주소서. 아멘.

❧ 개인적인 기도 지향

❧ 오늘의 봉헌

오늘의 실천

수험생이 화를 참지 못할 때 맞서지 말고 기다려 주세요.

열린 마음

오늘의 묵상

우리를 이끄시는 성령께 우리 자신을 열어 드리며 기도할 때, 우리는 기대하지도 못했던 문이 열리는 것을 알 수 있습니다. 때때로 그 문 뒤에는 고통스러운 일들만 가득 차 있습니다. 그러기에 우리는 하느님이 안 계시면 우리가 얼마나 곤궁하고 무기력하게 되는지를 깨닫게 됩니다.

프란치스코 교황, 《프란치스코 교황이 초대하는 이달의 묵상: 기도》

수험생을 위한 한 줄

수험생이 평소 주님께 기도드리는 모습을 떠올려 보세요.
___
___

열린 마음으로 기도하기 위해서는 어떤 노력이 필요할까요?
___
___

오늘 수험생에게 해 주고 싶은 이야기를 적어 보세요.
___
___
___

진정한 기도란 언제나 하느님과 열린 마음으로 만나는 것을 뜻합니다. – 안셀름 그륀

DATE   /   /   /

오늘의 기도

주님, 저희는 이제껏 주님 사랑의 힘으로 어떠한 역경 속에서도 버틸 수 있었습니다. 지금보다 더한 역경도 많았지요. 그때마다 저희가 주님의 사랑 속에서 평화를 누릴 수 있도록 지켜 주셨음에 감사드립니다. 언제나 주님께서는 저희를 격려해 주셨고, 언제나 저희에게 힘을 북돋아 주셨습니다. 지금도 제게 기도할 수 있는 마음을 주시어 이러한 격려와 응원을 들으라 하십니다. 주님, 항상 감사드립니다. 아멘.

⚜ 개인적인 기도 지향

_____
_____
_____
_____

⚜ 오늘의 봉헌

_____
_____
_____

오늘의 실천

아프면 아프다고, 힘들면 힘들다고 말하는 것도 용기임을 알려 주세요.

안식

오늘의 묵상

고생하며 무거운 짐을 진 너희는 모두 나에게 오너라. 내가 너희에게 안식을 주겠다. 나는 마음이 온유하고 겸손하니 내 멍에를 메고 나에게 배워라. 그러면 너희가 안식을 얻을 것이다. 정녕 내 멍에는 편하고 내 짐은 가볍다.

마태 11,28-30

⚜ 수험생을 위한 한 줄

수험생이 수능을 앞두고 가장 불안해하는 것은 무엇인가요?

수능을 앞두고 휴식 시간을 어떻게 보내면 좋을까요?

오늘 수험생에게 해 주고 싶은 이야기를 적어 보세요.

우리의 어머니께 우리의 일상의 수고를 맡깁시다. – 프란치스코 교황

DATE   /   /   /

오늘의 기도

주님, 오늘도 불안과 초조함이 저희를 감쌉니다. 저희 어깨에 지워진 짐이 너무도 무거워 자꾸 넘어지려 합니다. 이런 저희에게 한 말씀만 해 주소서. 이런 저희를 위로하여 주소서. 주님께서 한 말씀만 해 주신다면 저희 모두 나을 것입니다. 어떤 힘겨움도 이겨 낼 수 있을 것입니다. 아멘.

❧ 개인적인 기도 지향

_____
_____
_____
_____

❧ 오늘의 봉헌

_____
_____
_____

오늘의 실천

수험생이 지쳐 보일 때, 공부가 아닌 다른 주제를 두고 이야기해 보세요.

천사들의 보호

오늘의 묵상

주께서 너를 두고 천사들을 명하시어, 너 가는 길마다 지키게 하셨으니 행여 너 돌부리에 발을 다칠세라, 천사들이 손으로 널 떠받고 가리라. 너 살모사와 독사 위를 걸어 다니고, 사자와 이무기를 짓밟으리라. 나는 내게 숨어드는 자를 구하여 주고, 내 이름을 받들기에 그를 감싸 주리라.

《시편과 아가》, 시편 91편

✧ 수험생을 위한 한 줄

수험생이 가장 불안함을 느끼는 때가 언제일지 생각해 보세요.

_____
_____

주님의 보호가 필요한 때는 언제일까요?

_____
_____

오늘 수험생에게 해 주고 싶은 이야기를 적어 보세요.

_____
_____
_____
_____

천사가 당신에게 보호 망토를 입혀 주기를 바랍니다. – 안셀름 그륀

DATE   /   /   /

오늘의 기도

주님, 누구에게나 주님께서 천사를 보내셨음을 알고 있습니다. 그러니 저희 자녀에게 주어진 짐이 벅찰 때 주님께서 보내신 천사가 그들을 보호해 주기를 빕니다. 또한 저희가 천사를 통해 이 시기가 누구를 이기기 위한 것이 아니라 올바른 길을 걷기 위한 것임을 잊지 않게 해 주소서. 그리하여 지금 이 여정이 저희 자녀의 인격을 완성시키는 데 도움이 되게 해 주소서. 아멘.

◈ 개인적인 기도 지향

_____
_____
_____
_____

◈ 오늘의 봉헌

_____
_____
_____

오늘의 실천

수험생을 지켜 주는 수호성인에 관한 이야기를 들려주세요.

거룩함

오늘의 묵상

자신의 약한 모습과 마주하면 우리는 그 모습을 참지 못하고 눈길을 돌리게 됩니다. 그러나 우리 안에 마음의 풍요함, 곧 고귀한 것이 있을 때에 우리는 자신 곁에 기꺼이 머물 수 있습니다. 세속과 구별되는 거룩함이 우리 안에 있을 때에만 마음의 평온을 얻을 수 있는 것입니다.

안셀름 그륀, 《딱! 알맞게 살아가는 법》

✣ 수험생을 위한 한 줄

'거룩함'이란 무엇일까요?
_____
_____

수험생은 어떤 마음가짐으로 수험 생활에 임하고 있나요?
_____
_____

오늘 수험생에게 해 주고 싶은 이야기를 적어 보세요.
_____
_____
_____

거룩해진다는 것은 오직 하느님에 의해 모든 것이 결정되기를 바라는 것을 뜻합니다. – 안셀름 그륀

DATE   /   /   /

오늘의 기도

주님, 매일매일을 기쁘고 활기차게 시작할 수 있음에 감사드립니다. 그러나 저희 자녀들은 학교와 학원, 집만 오가며 이 기쁨을 맛보지 못하고 있습니다. 새 아침의 찬란한 햇살을, 뺨을 간질거리는 시원한 바람을, 싱그러운 꽃향기를 그들도 느끼게 하소서. 그리하여 저희 자녀들이 주님의 풍요로움 안에서 오늘을 거룩하게 보내도록 인도해 주소서. 아멘.

❧ 개인적인 기도 지향

_____
_____
_____
_____

❧ 오늘의 봉헌

_____
_____
_____

오늘의 실천

수험생을 위해 화살기도를 바치며 하느님께 모두 맡겨 드리세요.

시련이 닥칠 때

오늘의 묵상

여러분에게 닥친 시련은 인간으로서 이겨 내지 못할 시련이 아닙니다. 하느님은 성실하십니다. 그분께서는 여러분에게 능력 이상으로 시련을 겪게 하지 않으십니다. 그리고 시련과 함께 그것을 벗어날 길도 마련해 주십니다.

1코린 10,13

수험생을 위한 한 줄

수험생이 시련에 부딪쳤을 때 어떻게 대처하나요?

시련을 이겨 내기 위해 주님께 어떤 은총을 청해야 할까요?

오늘 수험생에게 해 주고 싶은 이야기를 적어 보세요.

그분은 너를 구할 시간과 방법을 알고 계시니 그분께 너를 맡겨야 한다. - 토마스 아 켐피스

DATE   /   /   /

오늘의 기도

주님, 주님께서는 부유한 이들, 권력을 가진 이들을 선택하지 않으시고, 세상에서 가장 소외된 이들, 가장 버림받은 이들을 위하십니다. 그러니 지금 어려움에 처한 저희 자녀들을 불쌍히 여기시어 그들을 주님의 지혜로 가득 채워 주소서. 저희 자녀들의 꿈과 노력을 소중히 여기시어 그들이 새로운 삶의 시작을 향한 한 걸음을 잘 내딛을 수 있도록 돌보아 주소서. 아멘.

❧ 개인적인 기도 지향

❧ 오늘의 봉헌

오늘의 실천

침착함을 기를 수 있는 작은 취미를 찾아 수험생과 공유해 보세요.

가까이 계시는 주님

오늘의 묵상

당신께 비옵는 누구에게나, 진정으로 비는 누구에게나, 주님은 가까이 계시나이다. 당신을 두려워하는 자에게 원대로 해 주시고, 그 애원을 들으시어 구해 주시나이다. 당신 사랑하는 자는 주께서 다 지키시고, 악한 자들은 모두 다 멸하시나이다. 주님의 찬미를 내 입은 아뢰어라. 창생아, 그 거룩한 이름, 영원토록 기리라.

《시편과 아가》, 시편 145편

수험생을 위한 한 줄

수험생은 주님께서 가까이 계심을 믿고 있나요?
_____
_____

혼자 외로워하는 수험생에게 어떤 도움을 줄 수 있을까요?
_____
_____

오늘 수험생에게 해 주고 싶은 이야기를 적어 보세요.
_____
_____
_____

그분은 우리를 미소 짓게 해 주실 것이며 모든 것을 선사해 주실 겁니다! – 프란치스코 교황

DATE   /   /   /

오늘의 기도

주님, 주님께서는 어디에나 계십니다. 들에 핀 꽃에서도, 시장에서 파는 빵에서도, 심지어 저희 자녀가 사용하는 책가방에서도 저희는 주님을 찾을 수 있습니다. 그러니 저희가 항상 당신의 현존을 느끼며 변함없이 주시는 당신 사랑에 감사하게 하소서. 그 사랑 속에서 저희가 온갖 피로와 불안감을 버리고 평안과 안식을 얻게 하소서. 아멘.

개인적인 기도 지향

_____
_____
_____
_____

오늘의 봉헌

_____
_____
_____

오늘의 실천

수험생에게 큰 웃음을 줄 수 있는 아이디어를 구상해 보세요.

자존감

오늘의 묵상

'겸손'은 우리를 '평온한 마음'으로 이끕니다. 자신을 있는 모습 그대로 받아들일 용기를 갖게 하고, 변화해야 한다는 압박감에 더 이상 사로잡히지 않게 합니다. 나는 있는 그대로 나인 채로 괜찮습니다. 하느님이 내 안에 있는 것을 재료로, 나의 본성과 맞는 나무를 꽃피우실 것을 저는 믿어 의심치 않습니다.

안셀름 그륀, 《딱! 알맞게 살아가는 법》

수험생을 위한 한 줄

수험생은 자기 자신을 어떻게 평가하고 있나요?

자존감을 키우는 방법에는 어떤 것들이 있을까요?

오늘 수험생에게 해 주고 싶은 이야기를 적어 보세요.

누군가에게 전폭적인 사랑을 받고 있다고 느끼면 마음이 고요해집니다. - 안셀름 그륀

DATE   /   /   /

오늘의 기도

주님, 주님께서는 저희 한 명 한 명을 모두 아끼시지만, 저희 각자에게 모두 다른 것을 바라십니다. 그러니 저희가 주님께서 원하시는 온전한 저희 자신이 될 수 있도록 도와주시고, 스스로 다른 사람과 비교하지 않게 이끌어 주소서. 그리하여 저희가 자존감을 찾아 주님께서 주시는 기쁨을 저희 내면에서 알아볼 수 있도록 도와주소서. 아멘.

개인적인 기도 지향

_____
_____
_____
_____

오늘의 봉헌

_____
_____
_____

오늘의 실천

다른 수험생과 비교하지 말고, 있는 그대로의 모습을 칭찬해 주세요.

주님의 동행

오늘의 묵상

"저는 희망합니다. 왜냐하면 하느님께서 제 곁에 계시기 때문입니다." 우리 모두는 그렇게 말할 수 있습니다. 우리 각자는 이렇게 말할 수 있습니다. "저는 희망합니다. 제게는 희망이 있습니다. 왜냐하면 하느님께서 저와 함께 걷기 때문입니다." 그분은 친히 제 손을 잡고 여정을 가십니다. 그분은 우리를 홀로 버려두지 않으십니다.

프란치스코 교황, 《그래도 희망》

수험생을 위한 한 줄

수험생이 주님의 손을 잡고 성실히 나아가고 있나요?

주님의 동행을 확신할 수 없을 때는 어떤 기도를 드려야 할까요?

오늘 수험생에게 해 주고 싶은 이야기를 적어 보세요.

그분은 언제나 우리 모두와 동행하십니다. – 프란치스코 교황

DATE   /   /   /

오늘의 기도

주님, 저희는 희망합니다. 저희에게는 희망이 있습니다. 주님께서는 저희와 함께 걸으며, 저희를 가두고 있는 어둠과 불안의 빗장을 열어 주실 것입니다. 저희의 손을 붙잡고 주님 은총의 빛으로 저희를 인도해 주실 것입니다. 저희는 이를 믿으며 앞으로 나아가고자 하오니, 저희 자녀가 공부할 때에도 주님의 은혜로운 손길을 느끼고 편안한 마음으로 집중할 수 있도록 도와주소서. 아멘.

⚜ 개인적인 기도 지향

_____

_____

_____

_____

⚜ 오늘의 봉헌

_____

_____

_____

오늘의 실천

최선을 다하는 것만으로도 의미가 있다는 진심을 전해 보세요.

42

두려워하지 않는 마음

오늘의 묵상

그러나 주여, 당신은 나의 방패, 내 머리를 들게 하시는 내 영광이오이다. 내 목청 높여서 주께 부르짖을 때 거룩한 그 산에서 들어 주셨나이다. 나는 누워 깊이깊이 잠들었더니 주께서는 이 몸을 깨워 주셨나이다. 수천 군중이 나를 거슬러 에워쌀지라도 나는 무서워함이 없으리이다.

《시편과 아가》, 시편 3편

♥ 수험생을 위한 한 줄

수험생이 두려운 마음을 표현했던 적이 있는지 떠올려 보세요.

_____
_____

모든 두려움을 없애려면 주님께 어떤 은총을 청해야 할까요?

_____
_____

오늘 수험생에게 해 주고 싶은 이야기를 적어 보세요.

_____
_____
_____

우리가 스스로 자신의 두려움의 근거를 물을 때 비로소 두려움이 줄어들 것입니다. – 안셀름 그륀

DATE   /   /   /

오늘의 기도

주님, 시험을 준비하는 아이들을 지켜보며 저희에게도 두려움이 밀려옵니다. 그러나 주님이 계시기에 걱정과 두려움을 내려놓습니다. 저희가 어디에 있든 주님께서 함께 계신다는 믿음을 잃지 않게 해 주소서. 그리고 저희에게 이 시험 너머, 인생 전체를 바라볼 수 있는 여유를 주소서. 그러면 저희가 중압감에서 벗어나 가벼운 걸음으로 미래를 향해 갈 수 있을 것입니다. 아멘.

⚜ 개인적인 기도 지향

_____
_____
_____
_____

⚜ 오늘의 봉헌

_____
_____
_____

오늘의 실천

수험생이 잠시 쉴 수 있도록 재미있는 영상을 찾아 함께 보세요.

성찰

오늘의 묵상

우리 각자 모두 양심을 성찰하며 자신에게 물어봅시다. "나의 신앙은 어떠한가? 내 신앙은 기쁨인가? 하느님의 놀라우심에 나는 열려 있는가? 하느님은 경이의 하느님이신데! 아울러 나는 내 영혼 속에서 하느님의 현존이 주는 저러한 놀라움과 감사함을 맛보았는가?" 하고 말입니다.

프란치스코 교황, 《오늘처럼 하느님이 필요한 날은 없었다》

수험생을 위한 한 줄

수험생이 평소 자신을 성찰하는 삶을 살고 있나요?
_____
_____

성찰의 시간은 수험 생활 중에 어떤 도움이 될까요?
_____
_____

오늘 수험생에게 해 주고 싶은 이야기를 적어 보세요.
_____
_____
_____

예수 그리스도와 관계를 맺고 살면 즐거울 뿐만 아니라 삶이 바뀝니다. – 프란치스코 교황

DATE   /   /   /

오늘의 기도

주님, 오늘 저희는 저희의 완고함을 봅니다. 자녀들의 잘못을 지적하고 질책하는 저희를 봅니다. 주님, 저희가 자녀들의 잘못을 꾸짖기보다는 저희의 어리석음을 먼저 보게 해 주소서. 주님의 놀라우심을 믿지 못하고 짜증과 분노로 마음을 채우는 저희 자신을 먼저 보게 해 주소서. 이런 저희에게 주님의 길을 보여 주시어, 그 길을 온전히 따를 수 있는 믿음과 용기로 저희를 채워 주소서. 아멘.

개인적인 기도 지향

오늘의 봉헌

오늘의 실천

잔소리는 조금 참고, 수험생에게 격려를 보내 주세요.

지혜를 청하는 마음

오늘의 묵상

여러분 가운데에 누구든지 지혜가 모자라면 하느님께 청하십시오. 하느님은 모든 사람에게 너그럽게 베푸시고 나무라지 않으시는 분이십니다. 그러면 받을 것입니다. 그러나 결코 의심하는 일 없이 믿음을 가지고 청해야 합니다. 의심하는 사람은 바람에 밀려 출렁이는 바다 물결과 같습니다.

야고 1,5-6

수험생을 위한 한 줄

수험생에게는 지금 어떤 지혜가 필요할까요?

_____

_____

지혜가 부족하다고 느낄 때, 주님께 어떤 기도를 드릴 수 있을까요?

_____

_____

오늘 수험생에게 해 주고 싶은 이야기를 적어 보세요.

_____

_____

_____

당신의 지혜는 제 인생에 계속 빛을 비추어 주는 불빛과도 같습니다. - 안셀름 그륀

DATE   /   /   /

오늘의 기도

주님, 시험을 준비하는 이 시간은 아이들의 인생에서 참으로 소중한 시간입니다. 그러나 이 시간이 전부인 것은 아닙니다. 이를 아이들이 깨달을 수 있도록 인도해 주소서. 이 시간에 갇혀 버리면 남의 말이 들리지 않고 시야도 좁아집니다. 이 시험만이 세상의 전부라고 착각하게 됩니다. 저희 아이들에게 솔로몬이 청한 듣는 마음을 주시어 주님이 이끄시는 대로 그들이 나아갈 수 있도록 도와주소서. 아멘.

개인적인 기도 지향

_____
_____
_____
_____

오늘의 봉헌

_____
_____
_____

오늘의 실천

수험생의 뭉친 어깨를 정성껏 안마해 주세요.

기쁨

오늘의 묵상

주께서 과연 우리에게 큰일을 하셨기에, 우리는 못 견디게 기뻐했나이다. 주여, 사로잡힌 우리 겨레를, 남녘 땅 시냇물처럼 돌려주소서. 눈물로 씨 뿌리던 사람들이, 기쁨으로 곡식을 거두리이다. 뿌릴 씨를 가지고 울며 가던 그들은, 곡식 단 들고 올 제 춤추며 돌아오리이다.

《시편과 아가》, 시편 126편

수험생을 위한 한 줄

수험생이 최근 가장 기뻐했던 순간은 언제였나요?

수험 생활을 기쁘게 받아들이는 방법에는 어떤 것들이 있을까요?

오늘 수험생에게 해 주고 싶은 이야기를 적어 보세요.

복음을 기쁘게 맞이한다는 것은 곧 그 힘을 받아들이는 것입니다. – 카를로 마리아 마르티니

DATE   /   /   /

오늘의 기도

주님, 주님께 기도하는 이 시간만이 저희가 숨을 쉴 수 있는 시간입니다. 주님의 말씀을 듣기보다 주님께 청하고만 있으나, 주님을 떠올리는 이 순간이 저희에게는 목마른 사슴이 물을 찾은 듯 시원하기 그지없습니다. 이러한 시간을 주심에 참으로 감사드립니다. 주님, 저희 아이들에게도 이러한 시간을 선물해 주소서. 그들에게 기쁨이 바로 옆에 있음을 깨닫게 해 주소서. 아멘.

❧ 개인적인 기도 지향

_____
_____
_____

❧ 오늘의 봉헌

_____
_____
_____

오늘의 실천

수험생의 귀갓길에 마중을 나가 따뜻하게 안아 주세요.

용기

오늘의 묵상

네가 너 자신을 살펴보면 이 같은 일 가운데 하나라도 네 힘으로 할 수 있는 것이 없다는 것을 알 것이다. 그러나 하느님께 간절히 구하면 하늘로부터 그런 용기가 내릴 것이며 세상과 육신이 네 앞에 무릎을 꿇을 것이다. 그리고 신앙의 무기로 무장하고 그리스도 십자가의 기만 들었다면 원수인 마귀도 두려울 것이 없을 것이다.

토마스 아 켐피스, 《준주성범》

수험생을 위한 한 줄

수험생이 목표를 향해 용기 있게 나아가고 있나요?

_____
_____

수험생의 용기가 부족할 때, 주변에서 어떻게 도울 수 있을까요?

_____
_____

오늘 수험생에게 해 주고 싶은 이야기를 적어 보세요.

_____
_____
_____

기도할 때에는 용기를 내야 합니다. 하느님은 언제나 기꺼이 듣고 계십니다. – 프란치스코 교황

DATE   /   /   /

오늘의 기도

주님, 큰 시험을 준비하는 지금과 같은 날에는 참으로 부정적인 생각이 많이 듭니다. 그럴 때 무엇보다 먼저 주님께 기도할 수 있는 용기를 주소서. 감히 주님께 나서기 송구한 저희이지만 새로운 희망을 보도록 주님께서 이끌어 주소서. 저희의 부족한 마음을 어루만지시어 저희가 당신과 함께 매일 조금이라도 한 걸음씩 앞으로 전진할 수 있도록 힘을 북돋아 주소서. 아멘.

⚜ 개인적인 기도 지향

_____
_____
_____
_____

⚜ 오늘의 봉헌

_____
_____
_____

오늘의 실천

어린 시절의 즐거웠던 이야기를 들려주며 수험생을 웃게 해 주세요.

보호

오늘의 묵상

주님의 눈은 당신을 사랑하는 이들 위에 머무시니 그들에게 든든한 방패요 힘 있는 버팀목이시며 열풍을 막아 주는 쉼터요 한낮의 뙤약볕을 가려 주는 그늘이시다. 또 비틀거리지 않게 지켜 주시고 넘어지지 않게 붙잡아 주신다. 주님께서는 영혼을 들어 높이시고 눈을 밝혀 주시며 치유와 생명과 복을 내려 주신다.

집회 34,19-20

수험생을 위한 한 줄

수험생이 평소 주님을 의지하고 있나요?

우리를 항상 보호해 주시는 주님께 어떤 기도를 드리면 좋을까요?

오늘 수험생에게 해 주고 싶은 이야기를 적어 보세요.

그리스도가 우리 안에 사시고 우리를 통하여 일하실 수 있게 해 드리십시오. - 프란치스코 교황

DATE   /   /   /

오늘의 기도

주님, 주님께서는 저희가 손을 내밀지 않아도 이미 저희를 보호해 주십니다. 저희가 주님을 부르려 할 때면 이미 마음속 가장 깊은 곳까지 내려오시어 저희에게 가장 필요한 것을 선물해 주십니다. 주님, 주님께서 베풀어 주신 이 은혜에 항상 감사드립니다. 저희가 앞으로도, 그리고 가장 필요한 순간에도 이러한 주님의 사랑을 잊지 않도록 도와주소서. 아멘.

개인적인 기도 지향

_____
_____
_____
_____

오늘의 봉헌

_____
_____
_____

오늘의 실천

수험생의 1년 후 모습은 어떨까요? 함께 상상해 보세요.

가장 좋은 기도

오늘의 묵상

하느님의 현존에 모든 것을 내맡겨 드리는 신뢰가 있을 때, 가장 좋은 기도를 바칠 수 있습니다. 이는 우리가 하느님의 말씀을 듣고 하느님이 우리의 말을 들어 주시는 때이며, 말이 필요 없을 만큼 마음과 마음이 합쳐지는 자리입니다.

프란치스코 교황, 《프란치스코 교황이 초대하는 이달의 묵상: 기도》

♦ 수험생을 위한 한 줄

수험생이 주님께 기도드리고 있나요?
_____
_____

수험생을 위한 가장 좋은 기도는 어떤 기도일까요?
_____
_____

오늘 수험생에게 해 주고 싶은 이야기를 적어 보세요.
_____
_____
_____

주님, 제가 즐겨 당신과 있고자 하오니, 은혜로이 저에게 머물러 계십시오. – 토마스 아 켐피스

DATE   /   /   /

오늘의 기도

주님, 오늘 제 머릿속에는 이 말밖에 떠오르지 않습니다. "주님, 저희를 불쌍히 여기소서. 주님, 저희의 기도를 들어주소서." 주님, 당신은 많은 말을 하지 않아도 저희가 원하는 것을 이미 모두 아십니다. 주님, 저희를 불쌍히 여겨 주소서. 주님께서 이루고자 하시면 모두 이루어질 것입니다. 아멘.

⚜ 개인적인 기도 지향

⚜ 오늘의 봉헌

오늘의 실천
수험생과 함께 주일 미사에 참례하고 주님께 감사 기도를 드리세요.

수호천사

오늘의 묵상

천사들과 친해지도록 노력하십시오. 천사들이 눈에는 보이지 않지만 언제나 그대 곁에 있음을 잊지 마십시오. 특히 그대의 교구와 본당, 가정은 물론 그대 자신의 수호천사를 사랑하고 공경하십시오. 자주 그들과 교류하는 가운데 함께 하느님을 찬미하고, 그대의 영적인 일이나 현세적인 일을 모두 도와주시기를 청해야 합니다.

프란치스코 살레시오 성인, 《신심 생활 입문》

수험생을 위한 한 줄

수험생이 가장 외로워했던 순간은 언제였나요?

_____
_____

부담을 주지 않으면서 위로를 건네는 방법에는 어떤 것들이 있을까요?

_____
_____

오늘 수험생에게 해 주고 싶은 이야기를 적어 보세요.

_____
_____
_____

하느님이 든든한 지원군으로 천사들을 우리에게 보내 주십니다. – 안셀름 그륀

DATE   /   /   /

오늘의 기도

주님, 세월은 쏜살같이 빠릅니다. 저희 아이가 태어난 지 얼마 되지 않은 듯한데 벌써 이렇게 커서 수능 시험을 본다고 합니다. 이렇게 아이를 키워 주신 주님께 참으로 감사드립니다. 그리고 아이를 이제껏 돌봐 주신 수호천사님께도 감사드립니다. 부모보다 더 사랑으로 저희 아이들을 잘 돌봐 주셨습니다. 앞으로도 항상, 특히 시험 보는 그날까지 저희 아이들을 잘 부탁드립니다. 아멘.

❧ 개인적인 기도 지향

_____
_____
_____
_____

❧ 오늘의 봉헌

_____
_____
_____

오늘의 실천

수험생을 지켜 주는 수호성인께 기도를 청해 보세요.

확신

오늘의 묵상

우리는 종종 이렇게 묻곤 합니다. "이렇게 힘든 순간에도 그분이 제 곁에 계시나요?" 혹은 "이렇게 추악하고 나쁜 짓을 한 저를 사랑하신다고요?"라고 말입니다. 그럴 때 이렇게 되뇌십시오. "하느님께서는 나를 사랑하신다." 그렇습니다. 하느님께서는 저희를 사랑하십니다! 그 무엇도 우리에게서 이 확신을 앗아 가지는 못합니다.

프란치스코 교황, 《그래도 희망》

수험생을 위한 한 줄

수험생이 주님의 사랑을 깊이 확신하고 있나요?

_____
_____

때때로 불신이 들 때, 주님께 어떤 기도를 드려야 할까요?

_____
_____

오늘 수험생에게 해 주고 싶은 이야기를 적어 보세요.

_____
_____
_____

우리는 하느님이 우리에게 있는 모든 것들을 꿰뚫고 계심을 믿을 수 있습니다. - 안셀름 그륀

DATE   /   /   /

오늘의 기도

주님, 그렇습니다. 주님께서는 저희를 사랑하십니다. 그 무엇도 저희에게서 이 확신을 앗아 가지는 못할 것입니다. 사랑은 상대방과 함께 있게 해 줍니다. 끊임없이 상대방을 떠올리게 해 줍니다. 상대방과 함께하는 시간이 쉼이 되게 해 줍니다. 그러니 주님, 저희가 당신의 쉼이 되기를 바랍니다. 주님께서 저희의 쉼이 되기를 바랍니다. 저희 자녀들도 주님 안에서 편히 쉬기를 바랍니다. 아멘.

❖ 개인적인 기도 지향

_____
_____
_____
_____

❖ 오늘의 봉헌

_____
_____
_____
_____

오늘의 실천

수험생에게 대학생이 되면 하고 싶은 일이 무엇인지 물어보세요.

견고함

오늘의 묵상

하느님, 성령의 은총으로 저를 견고케 하소서. 당신의 힘으로 저를 내적으로 굳세어지게 하시고, 제 마음에서 쓸데없는 모든 걱정과 근심을 없애는 힘을 주시어, 천한 것에든 귀한 것에든 마음을 빼앗기지 않게 하시고, 그 모든 것을 다 지나가는 것으로 여기게 하소서.

토마스 아 켐피스, 《준주성범》

수험생을 위한 한 줄

수험생이 자신의 꿈을 향한 굳은 의지를 가지고 있나요?

수험생의 목표가 흔들릴 때, 주변에서 어떤 도움을 줄 수 있을까요?

오늘 수험생에게 해 주고 싶은 이야기를 적어 보세요.

나는 너를 가르쳐 네 갈 길을 배우게 하고, 너를 눈여겨보며, 이끌어 주리라. - 《시편과 아가》, 시편 32편

DATE   /   /   /

오늘의 기도

주님, 주님께는 깊고 넓은 사랑이 있사오나 저희는 주님이 아니라 다른 곳에 기대려고만 합니다. 어려울 때만 주님을 찾으려 하고, 그렇지 않을 때에는 주님을 잊곤 합니다. 이런 저희를 불쌍히 여기시어 저희가 항상 당신께 기도드리게 해 주시고, 흔들림없이 주님만을 바라도록 도와주소서. 또한 저희 아이들도 주님께 그러할 수 있기를 간절히 바랍니다. 아멘.

개인적인 기도 지향

오늘의 봉헌

오늘의 실천

수험생이 생각하는 자신의 장점, 단점에 대해 이야기를 나눠 보세요.

피난처

오늘의 묵상

억눌린 자 의지할 곳 주님이시며, 궁할 때 든든하신 피난처시니 주는 당신 찾는 지들을 아니 버리시기에, 당신 이름 아옵는 자, 주께 바라오리다. 시온에 자리하신 야훼를 찬양하라. 그 장하신 일, 너희는 백성에게 전하라. 피를 갚으시는 주님, 없는 이들 안 잊으시고, 그 부르짖음을 모른 체 안 하셨도다.

《시편과 아가》, 시편 9편

수험생을 위한 한 줄

수험생이 도망치고 싶어 했던 순간이 있나요?

_____

_____

지친 수험생을 위해 주님께 어떤 기도를 드리면 좋을까요?

_____

_____

오늘 수험생에게 해 주고 싶은 이야기를 적어 보세요.

_____

_____

_____

주님은 선하신 분 환난의 날에 피난처가 되어 주시는 분 – 나훔 1,7

DATE   /   /   /

오늘의 기도

주님, 주님께서는 저희 피난처이시니, 주님께서는 저희를 버리지 않으실 것입니다. 저희 목소리를 들어 주실 것입니다. 주님께서는 저희가 욕심 많음을 잘 아시고, 알아서 잘 들어 주실 것이기에 저희는 두려움 없이 바라는 바를 당신께 말씀드립니다. 그러니 저희의 청을 들으시고, 저희의 정성을 보시어, 저희가 진정으로 바라는 바를 이루어 주소서. 저희 아이에게 진정으로 소중한 것을 마련해 주소서. 아멘.

⚜ 개인적인 기도 지향

_____
_____
_____

⚜ 오늘의 봉헌

_____
_____
_____

오늘의 실천
수험생의 가장 큰 걱정은 무엇인지 이야기를 들어 보세요.

선택

오늘의 묵상

자기 앞에 많은 문이 열려 있는 경우에 그중의 하나를 선택하기란 쉽지 않습니다. 그러나 그곳을 통과하여 자신의 길을 계속 걸어가기 위해서는 하나의 문을 선택해야 합니다. 많은 사람들이 문을 잘못 선택하지나 않을까 염려합니다. 바로 그러한 염려가 하느님을 신뢰하는 계기가 되어야 합니다.

안셀름 그륀, 《결정이 두려운 나에게》

수험생을 위한 한 줄

수험생이 최근에 중요한 결정을 내렸던 일이 있나요?
_____
_____

그 결정의 기준은 무엇이었나요?
_____
_____

오늘 수험생에게 해 주고 싶은 이야기를 적어 보세요.
_____
_____
_____

모든 일과 결정에서 예수님을 빼놓는다는 것은 결코 그리스도인의 선택이 아닙니다. – 프란치스코 교황

DATE   /   /   /

오늘의 기도

주님, 저희 앞에는 여러 가지 길이 있습니다. 수능 시험도 그 길 가운데 하나에 불과하겠지요. 그러나 길 앞에 서서 저희는 주님의 말씀을 들으려 하지 않습니다. 저희 멋대로 가야 할 곳을 결정 내려 버리고 맙니다. 이러한 저희를 용서해 주십시오. 저희가 당신의 목소리에 귀를 기울이도록 도와주소서. 저희의 행복과 욕심이 아니라 가장 좋은 길을 일러 주시는 주님의 선택을 듣게 하여 주소서. 아멘.

❧ 개인적인 기도 지향

_____
_____
_____
_____

❧ 오늘의 봉헌

_____
_____
_____

오늘의 실천

수험생이 꿈꾸는 미래에 대해 현실적인 조언을 해 주세요.

시련이 올 때

오늘의 묵상

주님께서는 그대를 단련시키시어 온전히 주님의 사람으로 만드시고자 그러한 시련을 수시는 것입니다. 혹여 불평하지 않도록 조심하십시오. 불평하지 말고, 그대의 마음을 다잡아 고요히 고통을 견뎌 내십시오. 갑자기 울화가 치밀어 오르더라도 끝까지 참아 온유하고 평화로운 마음을 간직하십시오.

프란치스코 살레시오 성인, 《가시 속의 장미》

수험생을 위한 한 줄

수험생이 가장 어려워하는 일은 무엇인가요?

수험생이 불평을 할 때, 주변에서 어떤 도움을 줄 수 있을까요?

오늘 수험생에게 해 주고 싶은 이야기를 적어 보세요.

견딘다는 것은 은총이기에 우리는 어려움 중에 반드시 그것을 청해야 합니다. – 프란치스코 교황

DATE   /   /   /

오늘의 기도

주님, 시험 날짜가 얼마 남지 않았습니다. 이제는 속력을 내야 할 때입니다. 그러나 과도하게 서두르면 넘어지기 쉽습니다. 또한 서둘러도 늦었다는 마음에 절망하여 다시 한번 주변을 살필 생각을 하기 힘들 수도 있습니다. 그러나 언제 어디서나 최선을 다하시는 주님을 기억한다면 삶이 어둡게만 느껴지는 순간에도 굳센 마음을 가질 수 있을 것입니다. 아멘.

❧ 개인적인 기도 지향

_____
_____
_____
_____

❧ 오늘의 봉헌

_____
_____
_____

오늘의 실천

수험생의 손을 꼭 잡으며 건강이 최고라고 말해 주세요.

감수성

오늘의 묵상

우는 사람을 위해 같이 울어 주고, 기뻐하는 사람과 함께 기뻐하는 인간적 감수성을 잃지 마십시오. 인간적 감수성을 잃는 것은 매우 위험한 일입니다. 그리스도인이란 그리스도가 지니셨던 사랑의 마음을 지닌 사람들을 뜻합니다. 여기에는 겸손과 헌신의 마음, 온갖 어둠과 절연하고 남을 용서하는 마음이 들어 있습니다.

프란치스코 교황, 《프란치스코 교황이 초대하는 이달의 묵상: 사랑》

수험생을 위한 한 줄

수험생이 가장 기뻐했을 때, 가장 슬퍼했을 때는 언제인가요?
_____
_____

수험생이 누군가를 도와준 적이 있다면 떠올려 보세요.
_____
_____

오늘 수험생에게 해 주고 싶은 이야기를 적어 보세요.
_____
_____
_____

세례를 받은 우리의 목적은 언제나 하느님 사랑의 기쁜 소식을 나누는 것입니다. – 프란치스코 교황

DATE   /   /   /

오늘의 기도

주님, 저희가 무엇보다 먼저 사랑하는 법을 배우게 해 주소서. 어떤 순간에도 사랑이 전부라는 것을 잊지 않게 해 주소서. 그렇지 않으면 힘겹고 고단한 시간을 이겨 낼 수 없음을 깨닫게 해 주소서. 그리하여 고단한 삶 속에서도 하느님과 이웃을 온전히 섬기는 사람이 되도록 이끌어 주소서. 다른 아이들과 함께 성장할 수 있도록 넓은 마음을 갖도록 인도해 주소서. 아멘.

⚜ 개인적인 기도 지향

_____
_____
_____
_____

⚜ 오늘의 봉헌

_____
_____
_____

오늘의 실천

수험생이 가장 좋아하는 친구들에 대해 이야기를 나눠 보세요.

은총

오늘의 묵상

주님, 당신 대전에서 총애받기를 간절히 청하오니, 본성이 원하는 그 모든 것을 하나도 얻지 못한다 하더라도, 당신 '은총을 넉넉히 받았습니다.'라고 할 수 있으면 됩니다. 당신 은총만 제게 있으면, 시련을 겪고 곤란으로 괴로워도 두렵지 않습니다.

토마스 아 켐피스, 《준주성범》

❧ 수험생을 위한 한 줄

수험생을 보며 주님의 은총을 깨달은 순간이 있었나요?

_____

_____

수험생의 앞날은 어떤 모습이길 기대하나요?

_____

_____

오늘 수험생에게 해 주고 싶은 이야기를 적어 보세요.

_____

_____

_____

선하신 우리 아버지는 우리가 성모님께 의탁하길 원하십니다. – 프란치스코 교황

DATE   /   /   /

오늘의 기도

주님, 저희 아이가 어젯밤에도 늦게까지 책상에 앉아 있었습니다. 쏟아지는 잠과 씨름하며 더 나은 결과를 만들기 위해 최선을 다했습니다. 그러한 모습을 보면 그들의 무거운 짐을 대신 짊어지고 싶을 때가 한두 번이 아닙니다. 저희 아이들을 불쌍히 여기시어 주님의 은총을 내려 주소서. 시련을 이겨 내려 노력하는 아이들에게 정당한 보상을 내려 주소서. 아멘.

⚜ 개인적인 기도 지향

_____
_____
_____
_____

⚜ 오늘의 봉헌

_____
_____
_____
_____

오늘의 실천

오늘 수험생이 잘한 일을 아낌없이 칭찬해 주세요.

약점의 자랑

오늘의 묵상

주님께서는, "너는 내 은총을 넉넉히 받았다. 나의 힘은 약한 데에서 완전히 드러난다." 하고 말씀하셨습니다. 그렇기 때문에 나는 그리스도의 힘이 나에게 머무를 수 있도록 더없이 기쁘게 나의 약점을 자랑하렵니다. 나는 그리스도를 위해서라면 약함도 모욕도 재난도 박해도 역경도 달갑게 여깁니다. 내가 약할 때에 오히려 강하기 때문입니다.

2코린 12,9-10

수험생을 위한 한 줄

수험생이 지닌 강점과 약점에 대해 생각해 보세요.

_____

_____

주님께서 그 강점과 약점을 주신 이유에 대해서도 생각해 보세요.

_____

_____

오늘 수험생에게 해 주고 싶은 이야기를 적어 보세요.

_____

_____

_____

특히 자신을 참아 주십시오. 결점 때문에 자신을 괴롭히지 마십시오. - 프란치스코 살레시오 성인

DATE   /   /   /

오늘의 기도

주님, 저희는 강하지 않습니다. 오래 공부하지 못하고, 쉽게 지루해합니다. 문제를 꼼꼼하게 풀지 못하고 성급하게 오답을 씁니다. 선의의 경쟁을 하지 못하고 저보다 잘하는 이를 시기합니다. 가까운 사람을 소중히 하지 못하고 쉽게 화를 냅니다. 이러한 저희 약점을 모두 주님께 봉헌하오니 당신께서 저희를 선함으로 이끌어 주소서. 이 어려움을 저희의 힘이 아니라 주님의 힘으로 이기도록 도와주소서. 아멘.

⚜ 개인적인 기도 지향

_____
_____
_____
_____

⚜ 오늘의 봉헌

_____
_____
_____

오늘의 실천

수험생의 집중력에 도움이 되는 건강 정보를 찾아보세요.

시작과 마침

오늘의 묵상

내 비록 고생길을 걸을지라도 당신은 이 몸을 살려 두시고 당신 손을 펴시어, 원수의 분노 막으시고, 당신 오른손으로 나를 구하여 주시나이다. 날 위해 시작하신 일, 주는 마치시리다. 주여, 너그러우심이 영원하시오니, 손수 하신 당신 일을 버리지 마옵소서.

《시편과 아가》, 시편 138편

수험생을 위한 한 줄

수험생은 이번 수능에서 어떤 목표를 가지고 있나요?
_____
_____

수능을 마치는 순간까지 주님께 어떤 기도를 드려야 할까요?
_____
_____

오늘 수험생에게 해 주고 싶은 이야기를 적어 보세요.
_____
_____
_____

제가 시작하는 모든 일이 당신의 강복으로 완성되도록 도와주소서. – 안셀름 그륀

DATE   /   /   /

오늘의 기도

주님, 아침마다 피곤이 가득한 아이의 눈동자를 봅니다. 얼굴에도 피곤함이 가득합니다. 공부가 인생의 전부가 아닌데도 그동안 공부하라는 잔소리만 들어 온 아이입니다. 이제 저희가 아이에게 해 줄 것이 기도밖에 없습니다. 저희는 주님께 기대는 수밖에 없습니다. 곧 그동안의 과정을 마칠 때가 다가옵니다. 이때가 바로 새로운 시작이 될 수 있도록 당신께서 도와주소서. 그의 손을 잡아 주소서. 아멘.

❧ 개인적인 기도 지향

_____
_____
_____
_____

❧ 오늘의 봉헌

_____
_____
_____
_____

오늘의 실천

아침 기도로 하루를 시작하고 저녁 기도로 하루를 마무리해 보세요.

계명의 실천

오늘의 묵상

너희가 주 너희 하느님의 말씀을 잘 듣고, 내가 오늘 너희에게 명령하는 그분의 모든 계명을 명심하여 실천하면, 주 너희 하느님께서 땅의 모든 민족들 위에 너희를 높이 세우실 것이다. 너희가 주 너희 하느님의 말씀을 잘 들으면, 이 모든 복이 내려 너희 위에 머무를 것이다. 너희는 성읍 안에서도 복을 받고 들에서도 복을 받을 것이다.

신명 28,1-3

수험생을 위한 한 줄

수험생이 주님의 말씀을 잘 실천하고 있나요?

___

___

주님께서 수험생에게 바라시는 모습은 어떤 모습일까요?

___

___

오늘 수험생에게 해 주고 싶은 이야기를 적어 보세요.

___

___

___

주께서 이 마음을 넓혀 주시면, 당신의 계명 길을 달려가리이다. - 《시편과 아가》, 시편 119편

DATE   /   /

오늘의 기도

주님, 오늘 아침에는 하루를 어떻게 살지 계획하게 하소서. 다 이루지 못하더라도 이러한 하루의 계획이 모여 저희 삶이 풍요로워질 것입니다. 저희 삶에 활력이 가득해질 것입니다. 주님, 저희는 나약한 인간이기에 계획대로 이루어지는 일이 참으로 적습니다. 그러나 계획을 세우고 이를 지키려고 노력하는 가운데 잘못을 줄이고 주님이 원하시는 방향으로 나아갈 수 있을 것입니다. 아멘.

🌱 개인적인 기도 지향

_____
_____
_____
_____

🌱 오늘의 봉헌

_____
_____
_____

오늘의 실천
주변의 수험생 가족과 함께 고민을 나누어 보세요.

불안이 찾아올 때

오늘의 묵상

사소한 일이나 희망으로 그대의 마음을 불안하게 해서는 안 됩니다. 사소한 일로 불안해하면 오히려 큰일을 그르치게 되기 때문입니다. 불안감이 엄습할 때에는 하느님께 기도드리십시오. 또한 급박한 일이 아니라면 불안감이 완전히 진정된 뒤 그대가 바라는 일을 실행하십시오. 온유하고 차분한 가운데 일의 순리에 따라 처리해야 합니다.

프란치스코 살레시오 성인, 《신심 생활 입문》

수험생을 위한 한 줄

수험생이 수능을 앞두고 불안을 느낄 때는 언제일까요?

_____
_____

마음의 평안을 유지하는 방법에는 어떤 것이 있을까요?

_____
_____

오늘 수험생에게 해 주고 싶은 이야기를 적어 보세요.

_____
_____
_____

그 열망을 능력에 따라 알맞은 때에 하나씩 꺼내야 합니다. - 프란치스코 살레시오 성인

DATE   /   /

오늘의 기도

주님, 불안할 때일수록 초심으로 돌아가게 하소서. 가장 기초부터 차근차근히 점검하게 하소서. 겸손하지 못하고 오만할수록 불안은 더 커지는 법입니다. 어디서 불안이 시작되는지 알 수 없는 법입니다. 그러니 주님께서 저희 자녀를 인도해 주시어 그들이 하고 있는 바를 처음부터 재점검할 수 있도록 도와주소서. 전체 교과목의 차례부터 살피며 어떤 부분이 취약한지 처음부터 살필 수 있게 하소서. 아멘.

◈ 개인적인 기도 지향

_____

_____

_____

◈ 오늘의 봉헌

_____

_____

_____

오늘의 실천

수험생에게 불안을 잠재울 수 있는 시 구절이나 명언을 읽어 주세요.

희망과 인내

오늘의 묵상

너무 번민하거나 너무 근심하는 것은 마땅치 못하다. 하느님께서는 오랫동안 거절하신 것을 가끔 짧은 순간에 주시고, 기도를 시작할 때에 주시지 않은 것을 기도가 끝날 때에 주기도 하시기 때문이다. 그러므로 좋은 희망과 겸손한 인내로 신심의 은혜를 기다려야 한다.

토마스 아 켐피스, 《준주성범》

수험생을 위한 한 줄

수험생이 결과에 대해 조급해하지 않고 인내하고 있나요?
_____
_____

희망과 인내가 중요한 이유는 무엇일까요?
_____
_____

오늘 수험생에게 해 주고 싶은 이야기를 적어 보세요.
_____
_____
_____

희망은 결코 우리를 실망시키지 않습니다. – 프란치스코 교황

DATE   /   /   /

오늘의 기도

주님, 저희의 두려움과 근심을 가져가 주시고, 저희에게 원대한 희망을 주소서. 그 희망을 향해 끊임없이 노력할 수 있도록 이끌어 주소서. 희망을 향해 나아갈 때 저희는 힘들지 않습니다. 언젠가 희망이 흔들리고 다시 두려움이 찾아올 때면 저희가 이제껏 주님께 받은 은총을 떠올리게 해 주소서. 주님을 믿는 마음으로 다시금 희망을 튼튼히 할 수 있도록 도와주소서. 아멘.

✤ 개인적인 기도 지향

_____
_____
_____
_____

✤ 오늘의 봉헌

_____
_____
_____

오늘의 실천

온 가족이 함께 '희망'에 관한 책을 읽어 보세요.

주님의 영광

오늘의 묵상

일어나 비추어라. 너의 빛이 왔다. 주님의 영광이 네 위에 떠올랐다. 자 보라, 어둠이 땅을 덮고 암흑이 겨레들을 덮으리라. 그러나 내 위에는 주님께서 떠오르시고 그분의 영광이 네 위에 나타나리라. 민족들이 너의 빛을 향하여, 임금들이 떠오르는 너의 광명을 향하여 오리라. 네 눈을 들어 주위를 둘러보아라. 그들이 모두 모여 네게로 온다.

이사 60,1-4

수험생을 위한 한 줄

수험생에게 주님은 어떤 존재일까요?

_____

_____

수험 생활 중에 주님을 잊지 않기 위해서는 어떤 노력이 필요할까요?

_____

_____

오늘 수험생에게 해 주고 싶은 이야기를 적어 보세요.

_____

_____

_____

자신의 뜻을 줄일수록, 그만큼 더 쉽게 하느님의 뜻을 따르게 될 것입니다. - 프란치스코 살레시오 성인

DATE   /   /   /

오늘의 기도

주님, 아무에게도 도움을 받을 수 없다는 부정적인 마음이 들 때 저희에게 주님을 떠올릴 수 있는 은총을 주소서. 아무리 노력해도 결과가 좋지 않을 때 저희에게 주님께서 주신 선물을 떠올리는 은총을 주소서. 깊은 어둠일수록 약한 촛불에도 밝아지는 법입니다. 당신의 은총을 조금이라도 떠올릴 수 있다면 저희는 부정적인 생각에서 벗어나 빛을 향해 갈 수 있을 것입니다. 아멘.

개인적인 기도 지향

_____
_____
_____

오늘의 봉헌

_____
_____
_____

오늘의 실천

좋아하는 성가를 들으며 가사를 마음에 새겨 보세요.

비교하지 않는 마음

오늘의 묵상

남들과 비교를 하면 자신이 무엇이 모자라서 그렇게 살지 못하는지 고민하게 됩니다. 그렇게 하다 보면 질투와 불만만 쌓이지요. 그럴 때일수록 제정신을 차리고, 자신의 존재와 자신이 소유하고 있는 것들을 감사히 받아들여야 합니다. 그렇게 했을 때 우리는 마음의 평화를 얻을 수 있으며, 무절제한 모습을 보이지 않게 됩니다.

안셀름 그륀, 《딱! 알맞게 살아가는 법》

수험생을 위한 한 줄

수험생이 주변 친구들과 자신을 비교했던 적이 있나요?

_____

_____

비교하지 않는 마음을 가지려면 어떤 노력을 해야 할까요?

_____

_____

오늘 수험생에게 해 주고 싶은 이야기를 적어 보세요.

_____

_____

_____

모든 사람에게 마음을 연다는 것은 참으로 아름다운 일입니다. – 프란치스코 교황

DATE   /   /

오늘의 기도

주님, 웃음은 저희 삶에 생동감을 줍니다. 주님의 흔적을 발견하게 해 줍니다. 아무리 힘든 일이 있어도 주님 안에 있는 사람은 웃음을 잃지 않습니다. 그러니 저희에게 항상 웃을 수 있는 은총을 베풀어 주소서. 또한 다른 사람에게도 웃음을 전할 수 있도록 해 주소서. 주님께서 주신 것은 분노와 짜증이 아니라 기쁨과 희망임을 잊지 않게 해 주소서. 아멘.

⚜ 개인적인 기도 지향

_____
_____
_____
_____

⚜ 오늘의 봉헌

_____
_____
_____

오늘의 실천

수험생의 장점 열 가지를 적어 보세요.

풍요

오늘의 묵상

나는 모든 것을 다 받아 넉넉하게 되었습니다. 여러분이 에파프로디토스 편에 보낸 깃을 빋아 풍족합니다. 그것은 향기로운 예물이며 하느님 마음에 드는 훌륭한 제물입니다. 나의 하느님께서는 그리스도 예수님 안에서 영광스럽게 베푸시는 당신의 그 풍요로움으로, 여러분에게 필요한 모든 것을 채워 주실 것입니다.

필리 4,18-19

수험생을 위한 한 줄

수험생은 주변 아이들에게 어떤 친구일까요?

___

___

넉넉한 마음을 가지려면 어떤 노력이 필요할까요?

___

___

오늘 수험생에게 해 주고 싶은 이야기를 적어 보세요.

___

___

___

그분은 당신의 자녀들인 우리가 서로 위로하고 지탱해 주길 원하십니다. - 프란치스코 교황

DATE   /   /

오늘의 기도

주님, 저희 삶은 당신의 사랑으로 항상 풍요롭습니다. 특히 이렇게 아이들을 위해 기도할 수 있게 해 주셔서 감사드립니다. 아이들의 마음을 떠올리며 그들에게 진정 소중한 것이 무엇인지 더욱 깊게 생각해 보게 됩니다. 오늘은 아이들이 시험에만 매달려 소중한 것을 잃지 않기를 빕니다. 아이들이 결과뿐만 아니라 과정에서도 주님 은총을 찾을 수 있도록 도와주소서. 아멘.

개인적인 기도 지향

_____
_____
_____
_____

오늘의 봉헌

_____
_____
_____

오늘의 실천

어려운 이웃을 위해 작은 나눔을 실천해 보세요.

구해 주시는 주님

오늘의 묵상

하느님은 우리 힘, 우리 숨는 곳, 어려운 고비마다 항상 구해 주셨기에 실령 땅이 뒤흔들린단들, 산들이 해심으로 빠져든단들, 우리는 무서워하지 않으리라. 바닷물이 우짖으며 소용돌이쳐 보아라, 밀려오는 그 힘에 산들이 떨어 보아라. 만군의 주님은 우리와 함께 계시다, 야곱의 하느님이 우리 바위이시다.

《시편과 아가》, 시편 46편

수험생을 위한 한 줄

수험생이 주님께 실망했던 적이 있나요?
_____
_____

수험생이 주님의 은총을 실감했던 적이 있나요?
_____
_____

오늘 수험생에게 해 주고 싶은 이야기를 적어 보세요.
_____
_____
_____

그분은 절대 우리를 놓치지 않으십니다. 그분은 결코 실망시키지 않으십니다. – 프란치스코 교황

DATE   /   /   /

오늘의 기도

주님, 저희의 욕심은 끝이 없습니다. 시험 날이 다가오니 욕심은 더 커져만 갑니다. 그렇지만 저희에게 가장 중요한 분은 바로 주님이십니다. 주님, 저희가 욕심 때문에 몸과 마음의 균형을 잃지 않도록 도와주소서. 저희가 입시만이 전부인 양 거기에 매달리는 사람이 되지 않도록 도와주소서. 욕심이 날수록 주님 뜻에 맞게 살아가는 사람이 되도록 이끌어 주소서. 아멘.

❦ 개인적인 기도 지향

_____
_____
_____
_____

❦ 오늘의 봉헌

_____
_____
_____
_____

오늘의 실천

교황님의 강론 영상을 보고 기억에 남는 내용을 수험생과 나눠 보세요.

책임

오늘의 묵상

우리는 우리를 부르시는 하느님께 응답해야 할 책임이 있습니다. 다시 말해 우리는 자기 자신과 자신의 삶에 대한 책임뿐만 아니라, 우리를 이 세상에 파견하시고 이 세상을 함께 건설할 사명을 주신 하느님의 부르심에 응답할 책임이 있다는 것이지요. 결정을 내릴 때마다 우리는 그 결정으로 인한 결과에 책임을 집니다.

안셀름 그륀, 《결정이 두려운 나에게》

수험생을 위한 한 줄

수험생이 중요한 결정을 할 때 어떻게 행동하나요?

결정을 앞두고 주님께 어떤 기도를 드려야 할까요?

오늘 수험생에게 해 주고 싶은 이야기를 적어 보세요.

주님께서 여러분을 언제나 기억하고 계십니다. – 프란치스코 교황

DATE   /   /   /

오늘의 기도

주님, 이제 아이들은 저희를 외면하고 제 갈 길을 향하여 달려갑니다. 그것이 당연하게 느껴지면서도 한편으로는 서운한 오늘입니다. 그렇다고 해도 끝까지 저희가 자신을 내어 줄 수 있도록 도와주소서. 주님처럼 그들을 위해 모든 것을 내어 놓도록 도와주소서. 특히 힘들 때일수록 주님께 매달려야 함을 진실하게 보여 주는 부모가 되도록 해 주소서. 아멘.

❧ 개인적인 기도 지향

_____
_____
_____
_____

❧ 오늘의 봉헌

_____
_____
_____

오늘의 실천

수험생을 생각하며 평일 미사에 참례해 보세요.

곤경을 겪을 때

오늘의 묵상

하느님께서 어떤 곤경을 겪게 하신다 하더라도, 그대가 붙잡고 온 하느님의 손에서 그러한 어려움들을 받아들여야 합니다. 하느님께서 그대를 완덕의 경지에 데려다주실 때까지 결코 하느님의 손을 놓아서는 안 됩니다. 그러면 하느님의 섭리로 모든 일이 그대의 뜻대로 이루어지는 것을 보게 될 것입니다.

프란치스코 살레시오 성인, 《가시 속의 장미》

수험생을 위한 한 줄

수험생이 가장 어려워하는 영역은 무엇인가요?

수능까지 남은 시간 동안 그 과목을 어떻게 준비하면 좋을까요?

오늘 수험생에게 해 주고 싶은 이야기를 적어 보세요.

고통은 유익한 가르침이 될 수 있습니다. – 프란치스코 교황

DATE   /   /   /

오늘의 기도

주님, 시험이 얼마 남지 않아 저희는 답답하고 막연하기만 합니다. 그러나 주님께서는 저희 가정을 돌보고 계십니다. 당신께서 저희를 돌보고 계시기에 저희에게는 희망이 있습니다. 이 희망을 믿으며 기뻐하도록 주님께서 돌봐 주소서. 주님의 손을 놓지 않도록 도와주소서. 그리하여 순간순간에 일어나는 감정에 휘둘리기보다 서로를 격려하는 참된 가족이 될 수 있도록 도와주소서. 아멘.

✿ 개인적인 기도 지향

_____
_____
_____
_____

✿ 오늘의 봉헌

_____
_____
_____

오늘의 실천
잠들기 전 수험생과 함께 성모님께 기도를 드리세요.

찬미

오늘의 묵상

주님을 찬송하여라. 그 이름을 받들어 불러라. 그 업적을 민족들에게 알려라. 그분께 노래하여라. 그분께 찬미 노래 불러라. 그 모든 기적을 이야기하여라. 그분의 거룩하신 이름을 자랑하여라. 주님을 찾는 이들의 마음은 기뻐하여라. 주님과 그 권능을 구하여라. 언제나 그 얼굴을 찾아라.

1역대 16,8-11

수험생을 위한 한 줄

수험생이 주변 사람들에게 주님에 대해 이야기한 적이 있나요?
_____
_____

그때 주변 사람들은 어떤 반응을 보였나요?
_____
_____

오늘 수험생에게 해 주고 싶은 이야기를 적어 보세요.
_____
_____
_____

개인적인 증언이 가장 큰 증언이 됩니다. – 프란치스코 교황

DATE   /   /   /

오늘의 기도

주님, 오늘도 새로운 아침을 맞이할 수 있으니 주님의 은총입니다. 오늘도 빠짐없이 아이를 위해 기도할 수 있으니 주님의 은총입니다. 오늘도 저희 아이가 하루를 의미 있게 보낼 수 있으니 주님의 은총입니다. 아이가 재능과 지혜를 키우며 미래를 준비할 수 있으니 주님의 은총입니다. 주님, 저희는 주님을 찬양합니다. 주님께서는 저희의 희망이십니다. 아멘.

❦ 개인적인 기도 지향

_____
_____
_____
_____

❦ 오늘의 봉헌

_____
_____
_____
_____

오늘의 실천

수험생이 공부하는 시간 동안 성경 구절을 필사해 보세요.

시련에 빠졌을 때

오늘의 묵상

나의 형제 여러분, 갖가지 시련에 빠지게 되면 그것을 다시없는 기쁨으로 여기십시오. 여러분도 알고 있듯이, 여러분의 믿음이 시험을 받으면 인내가 생겨납니다. 그 인내가 완전한 효력을 내도록 하십시오. 그리하면 모든 면에서 모자람 없이 완전하고 온전한 사람이 될 것입니다.

야고 1,2-4

수험생을 위한 한 줄

수험생이 요즘 가장 자주 하는 말은 무엇인가요?
_____
_____

그 말을 자주 하는 이유에 대해 생각해 보세요.
_____
_____

오늘 수험생에게 해 주고 싶은 이야기를 적어 보세요.
_____
_____
_____

우리를 구원하려고 겪으시는 주님의 고통을 마음속에 새겨야 합니다. - 프란치스코 살레시오 성인

DATE   /   /   /

오늘의 기도

주님, 지금을 시련으로 여기지 않고 기쁨으로 여기도록 이끌어 주십시오. 저희가 여유가 없으면 아이들에게 잔소리를 하게 됩니다. 그러니 잔소리는 가져가 주시고, 그들에게 위로와 격려를 할 수 있도록 도와주소서. 저희가 하는 한마디 한마디가 아이들에게 사랑을 전할 수 있도록 도와주소서. 지금 그들에게 가장 필요한 것은 사랑임을 잊지 않도록 도와주소서. 아멘.

❧ 개인적인 기도 지향

❧ 오늘의 봉헌

오늘의 실천
수험생에게 눈 건강에 좋은 음식을 만들어 주세요.

내적 생활

오늘의 묵상

너는 마음을 다하여 하느님께로 향하고 이 가련한 세상을 끊어라. 그러면 네 영혼이 고요할 것이다. 바깥 사물을 가벼이 보고 내면의 일에 주의를 기울여 공부를 하라. 그러면 하느님의 나라가 네 안에 이르는 것을 보리라.

토마스 아 켐피스, 《준주성범》

❖ 수험생을 위한 한 줄

수험생에게 위로가 필요하다고 느낀 적이 있나요?
_____
_____

주님과 자주 대화할 수 있도록 이끌어 주려면, 어떤 도움이 필요할까요?
_____
_____

오늘 수험생에게 해 주고 싶은 이야기를 적어 보세요.
_____
_____

은총에 따라 행동하는 사람은 속지 않기 위해 하느님만을 바라봅니다. – 토마스 아 켐피스

DATE   /   /   /

오늘의 기도

주님, 이제 정말 시간이 얼마 남지 않았습니다. 그래서 쉽게 조급해집니다. 그러나 주님, 이런 마음이 생길수록 더욱 차분하게 준비할 수 있도록 도와주소서. 현재에 충실할 수 있도록 도와주소서. 보람차게 하루하루를 보내는 것이 우리가 해야 할 전부임을 깨닫게 해 주소서. 그리하여 시험 날에 '주님, 저는 최선을 다했습니다.'라고 기도할 수 있도록 이끌어 주소서. 아멘.

☙ 개인적인 기도 지향

_____
_____
_____
_____

☙ 오늘의 봉헌

_____
_____
_____
_____

오늘의 실천

하루를 마무리하며 수험생에게 미안하거나 고마웠던 일을 떠올려 보세요.

묵상

오늘의 묵상

네가 작정한 결심과 뜻을 기억하고 그리스도께서 십자가에 못 박히신 것을 생각하라. 그리스도의 일생을 생각해 보아라. 주님의 거룩한 일생과 수난을 주의를 기울여 정성껏 묵상하는 수도자는 그 묵상 가운데 모든 유익하고 필요한 것을 풍성하게 얻을 것이며, 예수님 외에 다른 더 좋은 무언가를 찾을 필요를 느끼지 않을 것이다.

토마스 아 켐피스, 《준주성범》

수험생을 위한 한 줄

수험생이 가장 좋아하는 성경 구절이나 성가는 무엇인가요?

_____
_____

수험생과 함께 나누고 싶은 성경 구절이나 성가가 있나요?

_____
_____

오늘 수험생에게 해 주고 싶은 이야기를 적어 보세요.

_____
_____
_____

오늘날 우리는, 모든 사람들에게 좋은 소식 곧 복음을 전달하는 이가 되어야 합니다. – 프란치스코 교황

DATE   /   /   /

오늘의 기도

주님, 아이들이 하는 말에 귀 기울이는 부모가 되도록 해 주소서. 그들을 위해 기도하는 부모가 되게 해 주소서. 주님처럼 그들을 사랑으로 품어 안을 수 있는 부모가 되게 해 주소서. 그리고 저희의 애타는 마음을 헤아려 주시어 아이들이 끝까지 이 여정을 잘 걸어갈 수 있도록 돌보아 주시기를 간절히 청합니다. 아멘.

☙ 개인적인 기도 지향

_____
_____
_____
_____

☙ 오늘의 봉헌

_____
_____
_____

오늘의 실천

좋아하는 성경 구절을 소지품 곳곳에 붙이고 수시로 묵상해 보세요.

은총의 나눔

오늘의 묵상

은총은 예수 그리스도 안에서 하느님께서, 예수 그리스도께서 우리에게 선물로 주시는 것입니다. 유일하게 우리가 잊을 수 있는 방법은 그분이 주시는 것입니다. 그러니 우리는 받아들이기만 하면 됩니다. 참 아름답지 않습니까? 그러므로 우리도 우리의 형제자매들에게 은총을 나눠야만 합니다. 무상으로 말입니다!

프란치스코 교황, 《뒷담화만 하지 않아도 성인이 됩니다》

수험생을 위한 한 줄

수험생은 은총의 나눔을 잘 실천하고 있나요?

_____

_____

주변 사람들과 은총을 나누는 방법에는 어떤 것들이 있을까요?

_____

_____

오늘 수험생에게 해 주고 싶은 이야기를 적어 보세요.

_____

_____

_____

_____

우리에게는 하느님의 은총을 받을 의무가 있습니다. – 프란치스코 살레시오 성인

DATE   /   /   /

오늘의 기도

주님, 지금 저희가 걷는 이 여정은 참으로 힘든 길입니다. 그러나 이 길은 저희에게 행복을 가져다줄 것입니다. 이 여정에는 저희를 충만하게 채우는 당신 은총과 사랑이 알알이 맺혀 있습니다. 저희가 이를 잊지 않도록 저희를 일깨워 주소서. 또한 이 선물을 모든 이와 나눌 수 있도록 주님께서 이끌어 주소서. 아멘.

개인적인 기도 지향

_____
_____
_____
_____

오늘의 봉헌

_____
_____
_____

오늘의 실천

온 가족이 함께 진심을 담아 수험생에게 응원의 편지를 써 보세요.

깨달음

오늘의 묵상

곧 여러분이 모든 영적 지혜와 깨달음 덕분에 하느님의 뜻을 아는 지식으로 충만해져, 주님께 합당하게 살아감으로써 모든 면에서 그분 마음에 들고 온갖 선행으로 열매를 맺으며 하느님을 아는 지식으로 자라기를 빕니다. 또 하느님의 영광스러운 능력에서 오는 모든 힘을 받아 강해져서, 모든 것을 참고 견디어 내기를 빕니다.

콜로 1,9-11

❦ 수험생을 위한 한 줄

현재 수험생의 생활이 주님 마음에 드는 모습일지 생각해 봅시다.

_____
_____

항상 주님께서 함께하심을 알려 주려면 어떤 도움이 필요할까요?

_____
_____

오늘 수험생에게 해 주고 싶은 이야기를 적어 보세요.

_____
_____
_____

오로지 내가 너희를 사랑한다는 사실을 너희가 알아주는 것만으로 족하다. -《성심의 메시지》

DATE   /   /   /

오늘의 기도

주님, 저희 아이가 건강한 몸과 마음으로 학업에 전념할 수 있도록 해 주심에 감사드립니다. 주님께서는 저희에게 항상 좋은 기회를 주십니다. 가족들 모두 아이를 위해 기도할 수 있는 기회를 주셨으며, 아이를 깊이 이해하도록 저희를 이끌어 주셨습니다. 이 모든 기회가 주님의 영광을 드러내기 위한 것임을 이제야 깨닫습니다. 오늘은 저희가 받은 은혜에 대해 주님께 깊이 감사드리며 주님을 찬양합니다. 아멘.

◈ 개인적인 기도 지향

_____
_____
_____
_____

◈ 오늘의 봉헌

_____
_____
_____
_____

오늘의 실천

수험생이 세례받던 때를 떠올리며 주님께 기도를 드려요.

자비

오늘의 묵상

주님께서는 무엇이든지 하실 수 있고, 무엇이든지 주실 수 있으며, 모든 것을 채워 주시고, 오직 죄인만 빈손으로 내버려 두십니다. 당신께서는 친히 만드신 것이 헛되고 쓸데없는 것이 되기를 원치 않으시니, '당신의 자비를 기억하시고' 은총을 내려 저의 마음을 채우소서.

토마스 아 켐피스, 《준주성범》

❧ 수험생을 위한 한 줄

수험생이 지금 주님께 가장 바라는 것은 무엇일까요?

주님의 자비를 본받기 위해서는 어떻게 해야 할까요?

오늘 수험생에게 해 주고 싶은 이야기를 적어 보세요.

그러나 우리가 알고 있듯이 하느님의 자비에 불가능이란 없습니다. – 프란치스코 교황

DATE   /   /   /

오늘의 기도

주님, 마음에 여유가 없으면 실수를 하는 법입니다. 아이들이 실수하더라도 비난하기보다는 그들의 마음속 깊이까지 살펴 그들을 격려할 수 있는 부모가 되게 해 주십시오. 혹여 저희에게 그러한 능력이 부족하다면 주님께서 자비로 채워 주시기를 바랍니다. 주님께는 불가능한 일이 없사오니 저희 아이들에게 은총을 내려 주시어 마지막까지 힘을 북돋아 주십시오. 아멘.

❧ 개인적인 기도 지향

_____
_____
_____
_____

❧ 오늘의 봉헌

_____
_____
_____
_____

오늘의 실천

점수에 연연하며 조급해하기보다 수험생을 믿고 지지해 주세요.

간절함

오늘의 묵상

청하여라, 너희에게 주실 것이다. 찾아라, 너희가 얻을 것이다. 문을 두드려라, 너희에게 열릴 것이다. 누구든지 청하는 이는 받고, 찾는 이는 얻고, 문을 두드리는 이에게는 열릴 것이다. 너희 가운데 아들이 빵을 청하는데 돌을 줄 사람이 어디 있겠느냐?

마태 7,7-9

수험생을 위한 한 줄

수험생에게 지금 가장 필요한 은총은 무엇일지 생각해 보세요.

주님께 무언가 청할 때, 우리는 어떤 태도를 지녀야 할까요?

오늘 수험생에게 해 주고 싶은 이야기를 적어 보세요.

모든 게 어두워져 앞이 보이지 않을 때, 더 간절히 기도해야 합니다! - 프란치스코 교황

DATE   /   /   /

오늘의 기도

주님, 오늘도 당신께 청합니다. 저희 아이가 최선을 다하되 무리하여 건강을 잃지 않도록 보살펴 주소서. 저희 아이에게 분별력과 현명함을 주시어 집중할 때에는 집중하고, 편히 쉴 때에는 온전히 쉴 수 있도록 이끌어 주소서. 그리고 무엇을 할지 혼란스러울 때에는 저희 아이의 눈을 밝혀 주시어 맑고 겸허한 마음으로 자신이 나아갈 길을 용감히 걸을 수 있도록 도와주소서. 아멘.

⚘ 개인적인 기도 지향

_____
_____
_____

⚘ 오늘의 봉헌

_____
_____
_____

오늘의 실천
가족, 친구, 동료 중 한 명과 함께 수험생을 위해 기도해 보세요.

전능하신 주님

오늘의 묵상

주님은 가난하게도 가멸게도 하시는 분, 낮추기도 높이기도 하신다. 가난한 이를 먼지에서 일으키시고 궁핍한 이를 거름 더미에서 일으키시어 귀인들과 한자리에 앉히시며 영광스러운 자리를 차지하게 하신다. 땅의 기둥들은 주님의 것이고 그분께서 세상을 그 위에 세우셨기 때문이다.

1사무 2,7-8

수험생을 위한 한 줄

수험생이 수능을 준비하며 어떻게 신앙생활을 하고 있나요?

_____
_____

수험생이 주님과 멀어지지 않도록 주변에서 어떤 도움을 줄 수 있을까요?

_____
_____

오늘 수험생에게 해 주고 싶은 이야기를 적어 보세요.

_____
_____
_____

예수님을 부를 때에 우리 영혼의 온갖 능력에 엄청난 향유가 쏟아집니다. - 프란치스코 살레시오 성인

DATE   /   /   /

오늘의 기도

주님, 저희는 자주 주님께서 하신 일을 스스로 이루어 냈다는 오만함에 사로잡힙니다. 그러나 곰곰히 생각해 보면 저희가 한 일은 하나도 없고 모두 주님께서 베풀어 주셨습니다. 저희의 생각과 말과 행동을 모두 주님께 바치오니 어려울 때에도 주님만을 바라도록 도와주소서. 주님께서는 모든 것을 이루실 수 있는 분이시니 저희를 이 어려움 속에서 일으켜 주소서. 아멘.

❧ 개인적인 기도 지향

_____
_____
_____
_____

❧ 오늘의 봉헌

_____
_____
_____

오늘의 실천

수능까지 남은 기간 동안 수험생을 위한 영적 선물을 계획해 보세요.

솔직한 태도

오늘의 묵상

그대의 지도자나 그대가 신뢰하는 신심 깊은 친구에게 그대의 불안감을 솔직하게 말하면 틀림없이 마음이 편해질 것입니다. 고열로 고생하는 사람이 사혈로 열이 내리는 것처럼, 마음의 고통을 가까운 사람에게 토로하는 것은 마음을 편하게 하는 좋은 방법입니다.

프란치스코 살레시오 성인, 《신심 생활 입문》

수험생을 위한 한 줄

수험생이 솔직하게 마음을 털어놓았던 적이 있나요?

_____

_____

그 이야기를 듣고 어떤 말을 해 주었나요?

_____

_____

오늘 수험생에게 해 주고 싶은 이야기를 적어 보세요.

_____

_____

_____

누군가 우리에게 진심으로 이야기를 건넬 때 우리의 외로움은 끝나게 됩니다. – 프란치스코 교황

DATE   /   /   /

오늘의 기도

주님, 사실 그동안 주변 사람들을 견제와 경계의 시선으로 바라보았습니다. 그간 열심히 노력했다고 하지만 할 수 있는 한 최선을 다하지도 못했습니다. 주님의 길을 따른다고 했지만 그보다 결과에 우선순위를 두었습니다. 주님, 이러한 저희를 용서해 주시어 저희 자녀가 시험을 치러 갈 때에 마음의 평화를 찾고, 주님께서 주신 지혜를 충분히 활용하여 좋은 결과를 얻게 도와주소서. 아멘.

❖ 개인적인 기도 지향

_____
_____
_____
_____

❖ 오늘의 봉헌

_____
_____
_____
_____

오늘의 실천

수험생이 가장 좋아하는 것을 선물해 보세요.

새로운 열정

오늘의 묵상

매일 우리의 뜻한 바를 새롭게 하고 열정을 가지며, 다음과 같이 하느님께 기도해야 할 것이다. "주 하느님, 제 뜻한 바를 행하고 당신을 섬기는 이 거룩한 일을 잘 할 수 있도록 저를 도와주소서. 또 제가 오늘까지 한 것은 아무것도 아니오니, 오늘 이제 완전히 시작하는 은혜를 주소서."

토마스 아 켐피스, 《준주성범》

❧ 수험생을 위한 한 줄

오늘 아침에 본 수험생의 모습은 어땠나요?
_____
_____

새로운 열정을 가지려면, 어떤 노력을 해야 할까요?
_____
_____

오늘 수험생에게 해 주고 싶은 이야기를 적어 보세요.
_____
_____
_____

과거의 짐은 뒤로하고, 중요한 것부터 다시 시작할 필요가 있습니다. – 프란치스코 교황

DATE   /   /   /

오늘의 기도

주님, 오늘은 마음이 성급해집니다. 그래서 자꾸 기도에 집중하지 못하고 방황하게 됩니다. 이런 저희가 제자리로 돌아올 수 있도록 주님께서 이끌어 주소서. 시간이 얼마 남지 않았다는 생각과 남보다 잘하길 바라는 욕심 모두 주님께 봉헌하오니 남은 길을 서두르지 않도록 돌보아 주소서. 특히 저희 아이가 자신의 역량을 충분히 알고 무리하지 않아, 건강을 지키며 공부할 수 있도록 살펴 주소서. 아멘.

⚘ 개인적인 기도 지향

_____
_____
_____
_____

⚘ 오늘의 봉헌

_____
_____
_____

오늘의 실천
수험생과 함께 1분 동안 큰 소리로 웃어 보세요.

신뢰

오늘의 묵상

우리에게는 견고한 성읍이 있네. 그분께서 우리를 보호하시려고 성벽과 보루를 세우셨네. 신의를 지키는 의로운 겨레가 들어가게 너희는 성문들을 열어라. 한결같은 심성을 지닌 그들에게 당신께서 평화를, 평화를 베푸시니 그들이 당신을 신뢰하기 때문입니다. 너희는 길이길이 주님을 신뢰하여라. 주 하느님은 영원한 반석이시다.

이사 26,1-4

수험생을 위한 한 줄

수험생이 시험 결과에 대해 불안해했던 적이 있나요?

_____

_____

수험생에게 믿음을 주려면 어떤 기도를 바쳐야 할까요?

_____

_____

오늘 수험생에게 해 주고 싶은 이야기를 적어 보세요.

_____

_____

그대는 하느님을 신뢰하고 하느님의 섭리에 따르려고 노력해야 합니다. – 프란치스코 살레시오 성인

DATE   /   /   /

오늘의 기도

주님, 시험이 인생의 전부인 듯 자녀를 가르쳐 온 저희를 용서해 주시기 바랍니다. 저희의 노력은 바닷물에 물을 한 잔 더하는 정도일 뿐 주님께서 모든 것을 이루십니다. 저희가 그동안 부질없는 욕심에 주님을 소홀히 하였나이다. 주님, 당신을 온전히 신뢰하며 매 순간 기도하며 겸손되이 도움을 청하도록 저희를 이끌어 주소서. 아멘.

❧ 개인적인 기도 지향

_____
_____
_____
_____

❧ 오늘의 봉헌

_____
_____
_____

오늘의 실천

수험생에게 진심으로 너를 믿고 있다고 말해 주세요.

주님의 손

오늘의 묵상

두려워하지 마십시오. 그대는 바람과 파도 가운데서 물 위를 걷고 있습니다. 그러나 예수님과 함께 걷고 있습니다. 두려워할 것이 무엇입니까? 그대가 두려움에 사로잡힌다면, 강력하게 외치십시오. "주님, 저를 구해 주십시오!" 주님께서 그대에게 손을 내밀어 주실 것입니다. 주님의 손을 꼭 붙잡고, 기쁘게 나아가십시오.

프란치스코 살레시오 성인, 《가시 속의 장미》

❦ 수험생을 위한 한 줄

수험생이 평소 가장 의지하는 사람은 누구인가요?

_____

_____

그 사람을 가장 의지하는 이유는 무엇인가요?

_____

_____

오늘 수험생에게 해 주고 싶은 이야기를 적어 보세요.

_____

_____

_____

주님은 항상 우리를 '먼저' 기다리고 계십니다. – 프란치스코 교황

DATE   /   /   /

오늘의 기도

주님, 이제 수능 시험이 20일 앞으로 다가왔습니다. 20일은 참으로 짧은 시간이기도 하지만 또한 긴 시간이기도 합니다. 지금부터라도 마음만 먹으면 전 과목을 한 번씩 훑어볼 수 있을 테니까요. 그러나 '이제는 노력해도 안 될 거야.' 하는 마음이 저희 앞을 가로막습니다. 선뜻 용기 내지 못하도록 합니다. 그러나 '주님, 저를 구원해 주십시오.'라고 외친다면 저희를 버려두지 않으실 것이라고 믿습니다. 아멘.

❧ 개인적인 기도 지향

_____
_____
_____
_____

❧ 오늘의 봉헌

_____
_____
_____

오늘의 실천

수험생이 수능 준비 중에 놓치고 있는 부분은 없는지 확인해 보세요.

마음의 준비

오늘의 묵상

승전을 희망하거든, 싸움을 잘 준비하고 있어라. 싸움 없이는 인내의 영광스러운 월계관을 받지 못한다. 괴로움을 참을 마음이 없다는 것은 곧 월계관을 사양한다는 것을 의미한다. 월계관을 받고자 한다면 용맹스럽게 싸우고 참아 견뎌라. 수고 없이는 편한 곳에 도달할 수 없고, 싸움 없이는 승전할 수 없다.

토마스 아 켐피스, 《준주성범》

수험생을 위한 한 줄

수험생은 마음의 준비를 어떻게 하고 있나요?

_____

_____

떨리는 마음을 다스리려면 주변에서 어떤 도움을 주어야 할까요?

_____

_____

오늘 수험생에게 해 주고 싶은 이야기를 적어 보세요.

_____

_____

_____

성령께서 온갖 두려움과 불안을 극복하게 해 주시길 빕니다. – 프란치스코 교황

DATE   /   /   /

오늘의 기도

주님, 오늘도 저희는 떨리는 마음으로 주님 앞에 앉아 있습니다. 하루하루 마음에 풍파가 입니다. 마지막 순간까지 아이들을 잘 지켜 주소서. 아이들이 주님의 은혜를 더 깊이 체험하도록 인도하여 주소서. 모든 것을 완벽하게 준비하는 것은 불가능한 일입니다. 그러나 주님, 주님께서 함께하시면 모든 것이 쉬울 것입니다. 주님, 저희와 함께하여 주소서. 아멘.

✧ 개인적인 기도 지향

_____
_____
_____
_____

✧ 오늘의 봉헌

_____
_____
_____

오늘의 실천

수험생에게 마음을 편안하게 해 주는 따뜻한 차 한 잔을 준비해 주세요.

주님의 인도

오늘의 묵상

"애야, 길 떠날 채비를 하고 너의 동포인 이 사람과 함께 가거라. 하늘에 계신 하느님께서 너희를 그곳까지 무사히 인도하시고, 너희를 건강한 몸으로 나에게 데려다주시기를 빈다. 애야, 또 그분의 천사께서 너희가 안전하도록 동행해 주시기를 빈다." 토비야는 길을 떠나려고 집을 나서면서 자기 아버지와 어머니에게 입을 맞추었다.

토빗 5,17

❧ 수험생을 위한 한 줄

수험생은 수능까지 남은 기간 동안 어떻게 준비하려고 하나요?

남은 기간 동안 수험생에게는 어떤 도움이 필요할까요?

오늘 수험생에게 해 주고 싶은 이야기를 적어 보세요.

주여 가르치소서 당신의 길을, 평탄한 지름길로 나를 인도하소서. - 《시편과 아가》, 시편 27편

DATE   /   /   /

오늘의 기도

주님, 주님께 기도하는 저희를 불쌍히 여겨 주소서. 주님께서는 저희가 청하고 싶은 바를 이미 모두 알고 계십니다. 저희 아이들의 꿈과 희망도 잘 알고 계십니다. 주님, 어두운 터널을 지나고 있는 저희의 손을 붙잡아 인도해 주소서. 저희의 힘과 지혜만으로 이 시련을 이겨내기엔 참으로 부족합니다. 저희의 부족함을 보시고 이를 주님의 지혜로 채워 주소서. 주님의 사랑으로 가득 채워 주소서. 아멘.

 ❧ 개인적인 기도 지향

_____
_____
_____
_____

 ❧ 오늘의 봉헌

_____
_____
_____

오늘의 실천

성당에 가서 침묵 가운데 주님의 목소리에 귀를 기울여 보세요.

강복

오늘의 묵상

야훼님 두려워하는 자들아, 야훼께 의탁하라, 당신은 그 도움, 그 방패시도다. 주께서 우리를 기억하시고, 축복을 우리에게 주시리로다. 이스라엘 집안에 복을 주시고, 아론의 가문에 강복하시리로다. 크나 작으나, 주를 두려워하는 자에게, 당신은 그들에게 강복하시리라.

《시편과 아가》, 시편 115편

수험생을 위한 한 줄

수험생이 그간 준비한 것에 대해 만족하고 있나요?

_____

_____

남은 시간 동안 부족한 부분을 어떻게 준비할 수 있을까요?

_____

_____

오늘 수험생에게 해 주고 싶은 이야기를 적어 보세요.

_____

_____

_____

_____

하느님의 강복을 청한다면, 그들에게서 새로운 희망의 빛이 보일 것입니다. – 안셀름 그륀

DATE   /   /   /

오늘의 기도

주님, 저희는 그동안 꿈을 지니고 여기까지 왔습니다. 그리고 이제는 마지막 걸음만 남겨 놓았습니다. 주님, 이 마지막 여정이 평안할 수 있도록 돌봐 주소서. 당황하지 않고 최선의 결과를 얻을 수 있도록 도와주소서. 주님께서는 저희의 보호자이시며 끝없는 사랑으로 저희를 안아 주십니다. 그러니 마지막까지 저희 아이들에게 복을 내려 주소서. 아이들을 희망의 빛으로 인도해 주소서. 아멘.

- 개인적인 기도 지향

- 오늘의 봉헌

오늘의 실천

활짝 웃는 표정과 인자한 말투로 수험생을 대해 주세요.

수고의 기쁨

오늘의 묵상

주님은 우리의 수고를 아십니다. 주님은 우리 삶의 무게를 알고 계십니다. 더불어 주님은 위안을 주는 기쁨을 찾고자 하는 우리의 근원적인 소망도 아십니다. 그러므로 기억하세요! 예수님은 분명 '너희들은 기쁨으로 가득 찰 것'이라고 말씀하셨습니다. 예수님은 우리가 기쁨으로 가득 차기를 원하십니다.

프란치스코 교황, 《뒷담화만 하지 않아도 성인이 됩니다》

♦ 수험생을 위한 한 줄

수험생이 가장 뿌듯해했던 순간은 언제였나요?
_____
_____

기쁜 마음으로 수능에 임하려면 어떤 준비를 해야 할까요?
_____
_____

오늘 수험생에게 해 주고 싶은 이야기를 적어 보세요.
_____
_____
_____

덕은 사람에게 행복을 주고, 덕을 쌓으면 쌓을수록 기쁨은 더욱 커집니다. – 프란치스코 살레시오 성인

DATE   /   /   /

오늘의 기도

주님, 저희는 하루를 마치며 매일 주님이 주시는 수고의 기쁨을 맛봅니다. 어깨에 짊어진 짐을 내려놓고 잠자리에 누우며, 오늘 하루도 성실히 살았다는 기쁨에 흠뻑 젖습니다. 주님, 저희에게 이러한 기쁨을 마련해 주셔서 감사합니다. 앞으로 남은 기간에도 이렇게 충실히 지낼 수 있도록 주님께서 돌봐 주소서. 그리고 항상 건강할 수 있도록 주님께서 지켜 주소서. 아멘.

⚜ 개인적인 기도 지향

_____
_____
_____
_____

⚜ 오늘의 봉헌

_____
_____
_____
_____

오늘의 실천

수험생에게 응원의 편지를 써서 깜짝 선물로 전달하세요.

존중

오늘의 묵상

참된 사랑은 다른 이의 성공을 존중하며, 다른 이를 위협적인 존재로 느끼지 않습니다. 참된 사랑은 우리를 질투라는 씁쓸한 감정에서 자유롭게 합니다. 참된 사랑은 모든 이가 저마다의 삶에서 서로 다른 선물을 받아 자신만의 길을 걸어간다는 사실을 깨닫도록 합니다.

프란치스코 교황, 〈사랑의 기쁨〉 95항

🌱 수험생을 위한 한 줄

수험생은 주변 친구들에 대해 어떤 이야기를 하나요?
_____
_____

오직 자신의 길에 집중하기 위해서는 어떤 노력이 필요할까요?
_____
_____

오늘 수험생에게 해 주고 싶은 이야기를 적어 보세요.
_____
_____
_____

우리는 모든 사람을 하느님의 눈으로 대해야 할 사명을 지니고 있습니다. - 프란치스코 교황

DATE   /   /   /

오늘의 기도

주님, 자꾸 남과 저희 아이를 비교하며 조바심을 냅니다. 저희 아이가 얻는 성과가 남보다 작을까 하여 주변에 날카로운 시선을 던집니다. 그러나 주님, 그들에게는 그들만의 재능이 있고, 저희 아이에게는 저희 아이만의 재능이 있습니다. 그러니 저희 아이의 성과를 남과 비교하지 않도록 이끌어 주소서. 저희 아이가 주님의 사랑을 본받아 주변 친구들에게 사랑을 나누는 아이가 되게 해 주소서. 아멘.

⚜ 개인적인 기도 지향

_____

_____

_____

_____

⚜ 오늘의 봉헌

_____

_____

_____

오늘의 실천

친구는 경쟁자가 아니라 함께 나아가는 동반자임을 알려 주세요.

자신감

오늘의 묵상

우리가 부를 때마다 가까이 계셔 주시는, 주 우리 하느님 같은 신을 모신 위대한 민족이 또 어디에 있느냐? 또한 내가 오늘 너희 앞에 내놓는 이 모든 율법처럼 올바른 규정과 법규들을 가진 위대한 민족이 또 어디에 있느냐? 너희는 오로지 조심하고 단단히 정신을 차려, 너희가 두 눈으로 본 것들을 잊지 않도록 하여라.

신명 4,7-9

수험생을 위한 한 줄

수험생이 자신감이 부족한 모습을 보인 적이 있나요?
_____
_____

자신감을 키우려면 어떻게 노력해야 할까요?
_____
_____

오늘 수험생에게 해 주고 싶은 이야기를 적어 보세요.
_____
_____
_____

늘 완벽하고 자신감이 있어야 한다는 환상에서 벗어날 때, 자신의 길을 갈 수 있습니다. - 안셀름 그륀

DATE   /   /   /

오늘의 기도

주님, 저희는 주님을 믿으면서도, 혹시나 아이들이 시험에 실패하여 슬퍼하고 좌절할까 봐 걱정과 두려움에 온 신경이 곤두섭니다. 그러나 주님, 저희가 걱정하며 두려워해야 하는 것은 저희의 오만입니다. 저희 삶이 주님의 것이듯 저희 아이의 삶도 주님의 것입니다. 이를 믿으며 모든 것을 주님께 맡기오니 주님께서 아이들을 위해 마련하신 가장 좋은 길로 인도해 주소서. 아멘.

⚜ 개인적인 기도 지향

⚜ 오늘의 봉헌

오늘의 실천
수험생이 좋아하는 노래를 온 가족이 함께 들어 보세요.

함께하시는 주님

오늘의 묵상

말씀하신 그대로 당신 백성 이스라엘에게 안식을 주신 주님께서는 찬미받으소서. 주님께서는 당신의 종 모세를 통하여 말씀하신 좋은 것을 하나도 빠뜨리지 않으셨소. 주 우리 하느님께서 우리 조상들과 함께 계시던 것처럼, 우리와도 함께 계셔 주시기를 빕니다. 우리를 떠나지도 버리지도 않으시기를 빕니다.

1열왕 8,56-57

❧ 수험생을 위한 한 줄

수험생이 주님을 잊고 지내는 것처럼 보였던 적이 있나요?

_____

_____

주님께서 함께하심을 알려 주는 방법에는 어떤 것이 있을까요?

_____

_____

오늘 수험생에게 해 주고 싶은 이야기를 적어 보세요.

_____

_____

_____

최악의 상황에서도 우리 모두를 사랑하는 아버지가 계심을 기억하시기 바랍니다. - 프란치스코 교황

DATE   /   /

오늘의 기도

주님, 저희에게 평화와 안식을 주십시오. 마음을 고요하게 다스릴 수 있는 은총을 주십시오. 큰일이 다가오면 불안해지는 것은 당연한 일입니다. 그러나 이 불안감을 거두시고 저희가 편안한 마음으로 마지막 시간을 잘 보낼 수 있도록 도와주소서. 주님이 함께 계시다는 것만 잊지 않으면 저희에게는 어떤 어려움 속에서도 평화가 함께할 것입니다. 아멘.

⚜ 개인적인 기도 지향

_____
_____
_____
_____

⚜ 오늘의 봉헌

_____
_____
_____

오늘의 실천

수험생의 팔다리를 주물러 주며 하루 일과에 대해 이야기해 보세요.

성찰과 기도

오늘의 묵상

밤이 되어 하루를 마치기 전에, 어디에서 무슨 일을 하든 그날의 일을 대강이라도 다시 살피며 성찰하십시오. 잠들기 전에는 무릎을 꿇고서 그날 저지른 잘못에 대하여 하느님께 용서를 빌며 보호해 달라고, 복을 내려 달라고 기도하십시오. 성모송을 한 번 바칠 만큼 짧은 시간이면 이러한 기도를 드릴 수 있습니다.

프란치스코 살레시오 성인, 《가시 속의 장미》

수험생을 위한 한 줄

수험생이 평소 언제 어떻게 기도하나요?
_____
_____

아침과 밤에는 각각 어떤 기도를 드리면 좋을까요?
_____
_____

오늘 수험생에게 해 주고 싶은 이야기를 적어 보세요.
_____
_____
_____

이른 아침 시간은 고요하여 기도하기가 제일 좋을 때입니다. – 프란치스코 살레시오 성인

DATE   /   /

오늘의 기도

주님, 오늘은 저희가 고개를 들어 하늘을 보게 하여 주소서. 드높고 푸른 하늘 아래 저희는 단지 조그만 존재일 뿐이라는 점을 깨닫게 하여 주소서. 저희가 주님께 기도할 수 있음은 참으로 크고 놀라운 은총입니다. 저희가 이에 감사한 마음을 지닐 수 있게 해 주소서. 주님께서는 모든 인간이 보호해 달라고 복을 내려 달라고 기도하는 것을 일일이 들어주십니다. 이 얼마나 큰 사랑이겠습니까. 아멘.

⚘ 개인적인 기도 지향

_____
_____
_____
_____

⚘ 오늘의 봉헌

_____
_____
_____
_____

오늘의 실천

불안감을 없애는 방법에 대해 수험생과 함께 이야기해 보세요.

주님께 속삭임

오늘의 묵상

야훼님, 내 말씀 들어 주소서. 귀여겨 이 속삭임 들어 주소서. 내 임금님 내 하느님이시여, 흐느끼는 이 소리를 굽어 들으소서. 당신께 비옵나니 주님이시여, 이른 아침 내 소리를 들으시오니 이른 아침부터 채비 차리고, 애틋이 기다리는 이 몸이오이다.

《시편과 아가》, 시편 5편

수험생을 위한 한 줄

막바지 준비를 하는 수험생은 지금 어떤 마음일까요?
_____
_____

수험생을 위해 주님께 드리고 싶은 말씀이 있나요?
_____
_____

오늘 수험생에게 해 주고 싶은 이야기를 적어 보세요.
_____
_____
_____

그들은 온전한 믿음으로 계속 보물을 찾아야 합니다. – 안셀름 그륀

DATE   /   /   /

오늘의 기도

주님, 항상 저희에게 사랑을 베풀어 주심에 감사드립니다. 저희는 지금 자녀에게 먹을 것을 챙겨 먹일 수 있고, 자녀가 건강하게 시험을 준비하도록 돕고, 자녀를 위해 기도할 수 있습니다. 모두 주님의 돌보심 덕분입니다. 그러니 주님, 저희는 어떤 결과가 나온다 해도 주님 탓을 할 수 없습니다. 물론 결과까지 좋으면 얼마나 좋겠습니까. 그러나 저희 뜻대로 하지 마시고 당신 뜻대로 하시기 바랍니다. 아멘.

❧ 개인적인 기도 지향

_____
_____
_____
_____

❧ 오늘의 봉헌

_____
_____
_____

오늘의 실천
잠들기 전, 수험생을 위해 묵주 기도를 바쳐 보세요.

하느님의 섭리

오늘의 묵상

우리가 행하는 모든 일을 하느님께서 알고 계심을 생각하면, 우리가 이룬 모든 일들이 우리 자신의 능력이 아니라 전능하신 하느님의 섭리에 의한 것임을 깨닫게 될 것입니다. 그러므로 우리가 성취한 일들로 말미암아 기쁨을 억누를 수 없을지라도 그 영광은 모든 행위의 근원이신 하느님께로 돌려야 합니다.

프란치스코 살레시오 성인, 《신심 생활 입문》

ᴥ 수험생을 위한 한 줄

수험생이 자만했던 적이 있는지 생각해 보세요.

───────────────────────────────
───────────────────────────────

모든 일의 영광을 주님께 돌려야 하는 이유는 무엇일까요?

───────────────────────────────
───────────────────────────────

오늘 수험생에게 해 주고 싶은 이야기를 적어 보세요.

───────────────────────────────
───────────────────────────────

내가 너희 마음 안에 들어가 자리 잡을 수 있도록 너희 마음을 비워 놓기만 하면 된다. -《성심의 메시지》

DATE   /   /   /

오늘의 기도

주님, 모든 것이 저희 뜻이 아니라 당신의 섭리대로 이루어짐을 잘 알고 있습니다. 그러나 저희는 저희 아이들의 노력이 헛되지 않기만을 바라며 기도드립니다. 주님께서는 자비로운 분이시기에 저희의 믿음을 보시고 저희 기도를 들어주실 것입니다. 저희의 간절함을 보시어 저희 뜻을 들어주실 것입니다. 아멘.

⚜ 개인적인 기도 지향

_____
_____
_____
_____

⚜ 오늘의 봉헌

_____
_____
_____
_____

오늘의 실천

수험생이 평소와 다름없는 일상을 유지할 수 있도록 평온한 분위기를 만들어 주세요.

지혜

오늘의 묵상

지혜를 사랑하는 사람은 생명을 사랑하고 이른 새벽부터 지혜를 찾는 이들은 기쁨에 넘치리라. 지혜를 붙드는 이는 영광을 상속받으리니 가는 곳마다 주님께서 복을 주시리라. 지혜를 받드는 이들은 거룩하신 분을 섬기고 주님께서는 지혜를 사랑하는 이들을 사랑하신다.

집회 4,12-14

수험생을 위한 한 줄

수험생이 이루고자 하는 꿈은 무엇인가요?
_____
_____

그 꿈을 이루는 데에는 어떤 지혜가 필요할까요?
_____
_____

오늘 수험생에게 해 주고 싶은 이야기를 적어 보세요.
_____
_____
_____

다만 그분을 찾기 위해서는 우리가 길을 나서고 움직여야만 합니다. - 프란치스코 교황

DATE   /   /   /

오늘의 기도

주님, 저희는 항상 서두르지만 서두른다고 이루어지는 일은 없습니다. 천천히 할 때 오히려 가장 빠르게 일을 마칠 수 있습니다. 사랑도 이와 같습니다. 사랑은 서두른다고 이루어지지 않습니다. 눈에 보이는 것에 집착하지 않을 때, 서로 슬픔과 기쁨을 나눌 때 사랑이 이루어집니다. 그러니 주님, 오늘은 잠시라도 시험을 잊고 아이와 함께 기도 안에서 주님의 사랑을 깨달을 수 있도록 해 주소서. 아멘.

❧ 개인적인 기도 지향

_____
_____
_____
_____

❧ 오늘의 봉헌

_____
_____
_____
_____

오늘의 실천

지혜서를 읽고 가장 기억에 남는 구절을 써서 수험생에게 선물해 보세요.

확신과 인내

오늘의 묵상

그러니 여러분의 그 확신을 버리지 마십시오. 그것은 큰 상을 가져다 줍니다. 여러분이 하느님의 뜻을 이루어 약속된 것을 얻으려면 인내가 필요합니다. "조금만 더 있으면 올 이가 오리라. 지체하지 않으리라. 나의 의인은 믿음으로 살리라. 그러나 뒤로 물러서는 자는 내 마음이 기꺼워하지 않는다."

히브 10,35-38

수험생을 위한 한 줄

수능을 바로 눈앞에 둔 수험생의 모습이 어떠한가요?

조급해지는 마음을 다스리는 데 어떤 도움이 필요할까요?

오늘 수험생에게 해 주고 싶은 이야기를 적어 보세요.

주어진 현실과 다른 삶을 바라면서 자기 의무를 소홀히 해서는 안 됩니다. - 안셀름 그륀

DATE   /   /   /

오늘의 기도

주님, 저희는 주님의 사랑을 확신합니다. 주님께서 저희와 항상 함께 해 주심을 확신합니다. 저희 아이에게 어울리는 최선의 결과가 나올 것임을 확신합니다. 그러니 주님, 저희도 아이들에게 희망과 확신을 주는 그런 부모이게 해 주소서. 아이들의 부족함을 보듬어 안고, 비난 보다는 칭찬하는 부모이게 해 주소서. 사랑으로 아이를 바라보고 아이에게 필요한 것을 먼저 챙기는 부모가 되게 해 주소서. 아멘.

⚜ 개인적인 기도 지향

___

___

___

___

⚜ 오늘의 봉헌

___

___

___

___

오늘의 실천

수험생에게 사랑한다고 말해 주세요.

내일이 걱정될 때

오늘의 묵상

하늘의 너희 아버지께서는 이 모든 것이 너희에게 필요함을 아신다. 너희는 먼저 하느님의 나라와 그분의 의로움을 찾아라. 그러면 이 모든 것도 곁들여 받게 될 것이다. 그러므로 내일을 걱정하지 마라. 내일 걱정은 내일이 할 것이다. 그날 고생은 그날로 충분하다.

마태 6,32-34

수험생을 위한 한 줄

수험생은 지금 어떤 걱정들을 하고 있을까요?
_____
_____

걱정을 내려놓고 마무리 준비에 집중하려면 어떤 노력이 필요할까요?
_____
_____

오늘 수험생에게 해 주고 싶은 이야기를 적어 보세요.
_____
_____
_____

하지만 주님께서는 우리를 홀로 버려두지 않으십니다. – 프란치스코 교황

DATE   /   /   /

오늘의 기도

주님, 저희가 바치는 이 기도는 저희의 마음이오니 저희 자녀가 이를 보고 위안을 얻게 해 주소서. 주님, 저희가 바치는 이 기도는 저희 마음이오니 저희 자녀가 이를 보고 안식을 얻게 해 주소서. 주님께서는 저희 마음을 한 점 남김없이 온전히 전해 주실 것이오니 주님을 통해 마음을 전하는 것이 제가 할 수 있는 가장 좋은 방법입니다. 아멘.

⚜ 개인적인 기도 지향

_____
_____
_____
_____

⚜ 오늘의 봉헌

_____
_____
_____
_____

오늘의 실천

즐거운 상상을 하며 긍정적인 분위기를 널리 전파해 보세요.

94

주님의 뜻

오늘의 묵상

주님, 이 일이 당신께서 좋다고 여기시는 그대로 그리고 당신의 뜻대로 이루어지게 하소서. 당신께서 원하시는 그것을, 뜻에 맞는 그 정도로, 뜻에 맞는 그때에 주소서. 당신께서 가장 잘 아시는 대로, 당신의 뜻에 맞고 당신 영광에 더 도움이 되는 그대로 제가 행하도록 하소서.

토마스 아 켐피스, 《준주성범》

수험생을 위한 한 줄

수험생이 주님의 뜻대로 살기 위해 노력하고 있나요?
_____
_____

주님의 뜻을 헤아리는 방법에는 어떤 것이 있을까요?
_____
_____

오늘 수험생에게 해 주고 싶은 이야기를 적어 보세요.
_____
_____
_____

우리 역시 예수님을 맞아들이고 매일 그분을 따르기 위해 노력해야 합니다. – 프란치스코 교황

DATE   /   /

오늘의 기도

주님, 그동안 저희가 아이들에게 그저 높은 시험 점수만을 바란 것은 아닌지 반성해 봅니다. 공부를 어찌해 왔든 과정은 생각지 않고 그 결과가 어찌 되느냐만을 기도한 것은 아닌지 반성해 봅니다. 주님, 이런 저희를 용서해 주소서. 저희가 지금까지 노력해 온 저희 아이들의 인내와 성실을 인정하게 해 주시고, 노력 이상의 것은 주님이 주신 은총임을 깨달아 어떠한 결과가 나오든 감사하게 해 주소서. 아멘.

꽃 개인적인 기도 지향

_____
_____
_____

꽃 오늘의 봉헌

_____
_____
_____

오늘의 실천

수험생을 위한 짧은 기도문을 작성해 지인들에게 나눠 주세요.

도전

오늘의 묵상

사실상 여러분은 이미 알고 있습니다. 그 누구도 덮쳐 오는 도전과 마주하지 않고, 도전을 피하며 살 수는 없다는 것을 말입니다. 만약 도전을 마주하지 않고 그 도전을 피하며 사는 이가 있다면, 그는 사는 것이 아닙니다! 여러분의 의지와 능력은 성령의 권능과 하나가 되었습니다.

프란치스코 교황, 《뒷담화만 하지 않아도 성인이 됩니다》

수험생을 위한 한 줄

수험생이 과감하게 도전했던 일이 있나요?

도전을 마주했을 때, 주님께 어떤 기도를 드려야 할까요?

오늘 수험생에게 해 주고 싶은 이야기를 적어 보세요.

거룩한 주님을 찾아 나서고, 그분이 어디에 계시는지 찾아 나설 필요가 있습니다. – 프란치스코 교황

DATE   /   /   /

오늘의 기도

주님, 그동안 힘든 과정을 이겨 낸 저희 아이들을 축복해 주소서. 수능 시험 날 그동안 갈고 닦은 실력을 마음껏 펼치도록 도와주소서. 시험장에서 불안을 느끼지 않고 본인이 준비한 대로 시험을 볼 수 있도록 도와주소서. 원하는 만큼 충분히 준비하지 못했어도 준비한 만큼 합당한 결과를 얻을 수 있도록 은총을 내려 주소서. 아멘.

❖ 개인적인 기도 지향

_____
_____
_____
_____

❖ 오늘의 봉헌

_____
_____
_____

오늘의 실천

수시로 화살기도를 바치며 수험생을 위한 은총을 청하세요.

찬송

오늘의 묵상

너희는 나와 함께 주님을 찬송하라, 우리 함께 그 이름을 높여 드리자. 주님을 찾았더니 나를 들어 주시고, 온갖 무서움에서 나를 건져 주셨도다. 우러러 주님을 보라, 기꺼우리라, 너희 얼굴, 부끄럼이 있을 리 없으리라. 보라, 가엾은 이 부르짖음을 주께서 들으시고, 그 모든 근심 걱정을 씻어 주셨도다.

《시편과 아가》, 시편 34편

♣ 수험생을 위한 한 줄

수험생이 어떤 마음으로 수능을 준비하고 있나요?

_____

_____

남은 시간 동안 주님께 가장 간절하게 청하는 은총은 무엇일까요?

_____

_____

오늘 수험생에게 해 주고 싶은 이야기를 적어 보세요.

_____

_____

_____

너희는 받아라 하느님의 축복을, 하늘땅 만드신 당신의 축복을. - 《시편과 아가》, 시편 115편

DATE   /   /   /

오늘의 기도

위로자이신 주님, 주님의 빛을 저희에게 주소서. 저희 마음에 빛을 주소서. 저희의 근심 걱정을 씻어 주시고 기운을 북돋아 주소서. 두려울 때 평안을, 불안할 때 위로를 저희에게 내려 주소서. 주님께서 도와주신다면 저희 삶은 항상 행복할 것입니다. 저희가 가는 길이 잘못될 리 없을 것입니다. 아멘.

⚘ 개인적인 기도 지향

_____
_____
_____
_____

⚘ 오늘의 봉헌

_____
_____
_____

오늘의 실천

수험생에게 지금 가장 필요한 것이 무엇인지 생각하고 실천해 보세요.

선하신 하느님

오늘의 묵상

확신을 가지고 곧바로 나아가십시오. 이 세상에 자신과 하느님만이 있다고 생각하십시오. 그 어떠한 것도 그대를 불안하게 괴롭힐 수 없습니다. 하느님께서 원하실 때에 원하시는 만큼 시련을 주실 수는 있습니다. 오직 하느님과 자신만을 바라보십시오. 지극히 선하신 하느님의 호의를 보지 못하면, 결코 하느님을 보지 못할 것입니다.

프란치스코 살레시오 성인, 《가시 속의 장미》

수험생을 위한 한 줄

수험생이 지난 시간을 후회하는 모습을 보인 적이 있나요?

_____

_____

확신을 가지고 앞으로 나아가려면 어떤 노력을 해야 할까요?

_____

_____

오늘 수험생에게 해 주고 싶은 이야기를 적어 보세요.

_____

_____

_____

하느님께서는 어떤 경우든 우리가 행하고 생각하는 모든 선을 보십니다. – 프란치스코 교황

DATE   /   /   /

오늘의 기도

주님, 지금까지 저희 가족에게 내려 주신 모든 은총에 감사드립니다. 주님께서는 인생의 고비마다 저희 가족을 성장시켜 주셨습니다. 저희가 이렇게 기도로 하나되어 저희 아이의 외로운 싸움에 동참할 수 있게 해 주심에 참으로 감사드립니다. 주님, 저희 아이가 마지막까지 확신을 가지고 곧게 나아가도록 도와주소서. 그리고 지극히 선하신 하느님의 호의를 보도록 이끌어 주소서. 아멘.

◈ 개인적인 기도 지향

_____
_____
_____
_____

◈ 오늘의 봉헌

_____
_____
_____

오늘의 실천

수험생과 함께 손을 모으고 주님께 기도를 드리세요.

참된 사랑

오늘의 묵상

비록 다른 사람들을 항상 이해할 수 없고, 다른 사람들이 늘 옳지도 않겠지만, 우리는 어떤 경우에도 다른 사람들에게 그리스도인의 사랑을 느끼게 해 주어야 합니다. 참된 사랑이란, 의견이나 성격이 다른 경우에도 드러나는 것이기 때문입니다. 이것이 바로 예수님이 우리에게 알려 주신 사랑입니다.

프란치스코 교황, 《프란치스코 교황이 초대하는 이달의 묵상: 사랑》

❦ 수험생을 위한 한 줄

수험생에게 자주 사랑을 표현하고 있나요?

_____
_____

주변의 수험생과 그 가족들을 위해서도 기도하나요?

_____
_____

오늘 수험생에게 해 주고 싶은 이야기를 적어 보세요.

_____
_____
_____

진정성은 언제나 구원되기 위한 길입니다. – 프란치스코 교황

DATE   /   /   /

오늘의 기도

주님, 몸조심을 해야 하는 시기입니다. 무리하려는 마음을 제어하고 컨디션을 시험에 맞춰야 하는 시기입니다. 이럴 때일수록 부족한 저희는 주님의 사랑에 의지해야 한 걸음 내딛을 수 있습니다. 주님, 저희에게 주님의 도우심이 간절합니다. 그러나 저희가 주님께 도움을 청하는 것은 쉬운 길을 걷고자 함이 아닙니다. 어려운 길을 지혜롭고 용기 있게 걷도록 의지를 구하는 것입니다. 아멘.

⚘ 개인적인 기도 지향

_____
_____
_____
_____

⚘ 오늘의 봉헌

_____
_____
_____

오늘의 실천

그동안 썼던 《수능 100일 기도 노트》를 다시 보며 기도해 보세요.

주님의 능력

오늘의 묵상

어두움 그것마저 당신께는 어둡지 않아, 밤 또한 낮과 같이 환히 밝으며, 캄캄함도 당신께는 빛과 같으오리다. 당신은 오장육부 만들어 주시고, 어미의 복중에서 나를 엮어 내셨으니 묘하게도 만들어진 이 몸이옵기, 하신 일들 묘하옵기, 당신 찬미하오니, 당신은 내 영혼도 완전히 아시나이다.

《시편과 아가》, 시편 139편

수험생을 위한 한 줄

수능을 앞두고 수험생에게 준 선물이 있나요?

_____
_____

남은 시간 동안 더할 수 있는 영적 선물은 무엇일까요?

_____
_____

오늘 수험생에게 해 주고 싶은 이야기를 적어 보세요.

_____
_____
_____

하느님은 언제나 놀랍고 경이로운 분이시니까요. – 프란치스코 교황

DATE   /   /   /

오늘의 기도

주님, 수능 시험을 기다리는 이 여정에 저희와 함께해 주셔서 감사드립니다. 주님의 돌보심으로 무사히 여기까지 올 수 있었습니다. 그러니 오늘은 저희 아이가 걱정과 두려움 없이 따뜻한 가정 안에서 충분히 쉴 수 있기를 바랍니다. 저희 아이에게 별일이 없기를 바랍니다. 오늘 하루를 마치기 전, 꼭 주님 앞에 모여 함께 기도드릴 수 있도록 이끌어 주소서. 아멘.

개인적인 기도 지향

_____
_____
_____
_____

오늘의 봉헌

_____
_____
_____

오늘의 실천

잠들기 전, 수험생을 꼭 안아 주세요.

소망

오늘의 묵상

성소로부터 임금에게 도움을 내리시고 시온으로부터 임금을 붙들어 주소서. 임금의 바치는 모든 제물을 살펴 주시고 그의 번제를 즐거이 받아들이소서. 임금의 마음이 원하는 바를 내려 주시고 임금의 모든 계획을 이루어 주소서. 임금의 승리를 우리가 기뻐하고, 우리 주 이름으로 깃발을 올리려노니 임금의 모든 기원을 주께서 들어주소서.

《시편과 아가》, 시편 20편

수험생을 위한 한 줄

수능 날에 수험생에게 채워 주고 싶은 능력은 무엇인가요?

_____

_____

고생한 수험생에게 어떤 마음을 전하고 싶나요?

_____

_____

오늘 수험생에게 해 주고 싶은 이야기를 적어 보세요.

_____

_____

_____

오! 하느님, 하느님께서는 제 마음과 영혼 그리고 정신의 주님이시나이다. - 프란치스코 살레시오 성인

DATE   /   /   /

오늘의 기도

주님, 저희는 100일 동안 아이를 위해 기도해 왔습니다. 그러나 오늘을 맞이하고 보니 그 기도는 저희를 위한 것이었습니다. 이러한 주님의 돌보심에 참으로 감사드립니다. 이제 아이를 위해 해 줄 것이 정말 기도밖에 없습니다. 그러니 주님, 저희의 기도를 들어주시어 항상 아이 곁에 계셔 주소서. 그래서 그가 긴장하여 실수하지 않도록, 주님의 지혜로 충만하도록 돌보아 주소서. 아멘.

❧ 개인적인 기도 지향

_____
_____
_____
_____

❧ 오늘의 봉헌

_____
_____
_____

오늘의 실천

수험생과 함께 식사를 하며 격려의 말을 해 주세요.

수능 100일 기도 노트

2020년 7월 6일 교회 인가
2020년 8월 25일 초판 1쇄 펴냄
2025년 8월 4일 초판 3쇄 펴냄

지은이 · 가톨릭출판사 편집부
펴낸이 · 정순택
펴낸곳 · 가톨릭출판사
편집 겸 인쇄인 · 김대영
편집 · 김지현, 강서윤, 김지영, 박다솜
디자인 · 강해인, 이경숙, 정호진
마케팅 · 임찬양, 안효진, 황희진, 노가영

본사 · 서울특별시 중구 중림로 27
등록 · 1958. 1. 16. 제2-314호
전자우편 · edit@catholicbook.kr
전화 · 1544-1886(대표 번호)
지로번호 · 3000997

ISBN 978-89-321-1725-6 03230

값 14,000원

성경 · 교회 문헌 © 한국천주교중앙협의회, 2020.

이 책은 저작권법에 의해 보호를 받는 저작물이므로 무단 전재와 무단 복제를 금합니다.

가톨릭의 모든 도서와 성물, 디지털 콘텐츠를 '가톨릭북플러스'에서 만날 수 있습니다.
https://www.catholicbookplus.kr | (02)6365-1888(구입 문의)